朝日新書
Asahi Shinsho 936

ブッダに学ぶ 老いと死

山折哲雄

朝日新聞出版

はじめに

　年齢を重ねるにつれ、老いと死にまつわる苦しみや悲しみはどんどん切実さを増してくる。これは九〇年以上生きてきた私自身の実感でもあります。

「人生一〇〇年時代」と言われるように、私たち日本人は今、世界に類を見ない超高齢社会を生きています。だからといって、それにふさわしい「新しい老いと死のかたち」が何か具体的に提示されているようには見えません。

　超高齢社会・日本に適した老いと死との向き合い方とはどのようなものか。この難題を考えるにあたっては、やはり、まずは私の原点でもある「ブッダに学ぼう」と思いました。

端的に言えば、ブッダ（釈迦《しゃか》、シッダールタ）が開いた仏教は、まさに「生老病死」を根本テーマとし、全ての苦しみや悲しみから完全に離れることを究極の目的としています。それを達成した人間がブッダであり、彼の教え、言葉と実践、あるいは伝説を弟子たちが世代を超えて書き残し、仏典（経典）として約二五〇〇年も受け継がれているわけです。

ただし、残されているブッダの言葉の中に「高齢者が老いと死にどう向き合うか」という問題に直接答えてくれるような具体的な教えは見当たりません。もちろん、俗人の私たちがブッダのように悟れるはずもありません。

それでも私は、紀元前五〇〇年頃に八〇歳という当時文字通りの超高齢まで生きたブッダの人生、特に悟りを開く以前の俗人ブッダの生き方、あるいは最晩年の生き方、死に方に大きなヒントがあると確信しています。

時代とともに世界は絶えず変わり、人々の人生観も変わります。だから二五〇〇年も前の生き方が参考になるわけがない。こう思うかもしれませんが、むしろ逆なんですね。

たとえば、この私です。もう何十年も仏教学を勉強してきました。しかし九二歳の今になって、あるいはコロナ禍を経験した今だからこそ、「あー、これはこういうことだったのか」と腹に落ちるブッダの生き方、あるいは教えがたくさんあります。

その意味では、本書は私自身の「体験的、ブッダ理解の書」と言えるわけです。本編で詳しく述べますが、一つだけ例を挙げておきましょう。「アーナンダの裏切り」という問題です。ブッダが入滅する時の様子を記した『大パリニッバーナ経（大般涅槃経《だいはつねはんぎょう》）』には、次のようなブッダの遺言が記されています。

「アーナンダよ。お前たちは修行完成者（＝ブッダ）の遺骨の供養（崇拝）にかかずらうな。どうか、お前たちは、正しい目的のために努力せよ」

（中村元訳『ブッダ最後の旅――大パリニッバーナ経』岩波文庫）

アーナンダはブッダの弟子の一人で、血のつながるいとこでもあります。ブッダの最期を看取《みと》り、その言行を記録にとどめて後世に伝えた重要な弟子です。

そのアーナンダに向かって、自分の死後、遺骨の供養などに心をわずらわせるな、と言っています。遺体を焼いたあと、骨を拾ったり供養したりする必要はない。大切なことは「正しい目的」のために努力することなのだから、と。

しかしこの遺言を、アーナンダをはじめとする弟子たちは守りませんでした。ブッダの遺体は、入滅後七日経《た》ってから火葬にふされ、さらに七日経ってからブッダと親しいマガダ国王を含む八部族の要請もあって、遺骨は八つに分配されました。やがて彼らはそれぞれの地にストゥーパ（塔）を造り、ブッダの遺骨を安置しました。

この逸話を私は、以前「アーナンダの裏切り」と呼んでいました。ブッダが葬儀の無効性を宣言したにもかかわらず、仏弟子たちがそのブッダの遺言を裏切ってしまったからです。

もちろんその裏切りは、ブッダを否定するためのものではありません。弱い人間たちの悲嘆と苦しみの中でブッダの遺言を裏切ったのです。そこにはブッダの現実の死という事実をありのままに受け取った仏弟子たちの赤裸々な姿が映し出されています。

このブッダを裏切った歴史によって仏教は、むしろ宗教として発展するための基礎を作りました。つまり、ブッダが死んで仏教が蘇《よみがえ》ったと言えるわけです。

これが「アーナンダの裏切り」という問題に対する私の見解でした。しかし、九二歳になってその捉え方が少なからず変わったんですね。どう変わったか。ここから先は本編に譲ることにしましょう。

　また、本書ではブッダの生き方と西行《さいぎょう》や親鸞《しんらん》といった日本の仏教者の生き方及び日本古来の死生観との共通性にも注目しました。それはひと言で言うと「林住《りんじゅう》期的生き方」、つまり聖と俗を行ったり来たりする生き方です。これも私自身の「体験的理解」を通じて、超高齢社会をよりよく生きるヒントとして書き残しました。

　要するに本書は、老い先短い私にとって穏やかな死を迎えるための非常に大切な覚書でもあるのです。

　ブッダの生き方、あるいは死に方に学んだ九二歳の私のこの覚書が少しでもみなさんの参考になることを願っています。

山折哲雄

ブッダに学ぶ　老いと死

目次

一章　ブッダの教えを体感する　15

二章　林住期で身軽になる

三章 病を得て成熟する

四章　ブッダの死と断食往生

一章

ブッダの教えを体感する

二九歳で「家出」をした後、四二〇キロを歩いたブッダ

ブッダ（釈迦）は自分自身の老いと死にどのように向き合ったのでしょうか。釈迦の最晩年の生き方を私たちの生き方のヒントとするためにも、彼が悟った内容の核心部分、つまり仏教の根本的教えを知っておく必要があります。少し長くなりますが、まずはここから考察を始めたいと思います。

釈迦は紀元前五〇〇年頃、北インドの小国の王子・シッダールタとしてこの世に生まれました。そして二九歳の時に家を出て放浪の旅を始め、三五歳の時にブッダガヤで悟りを開きました。菩提樹《ぼだいじゅ》の下に坐《すわ》って悟りを開いたのであり、それ

を「成道《じょうどう》」と言います。それ以降の釈迦がブッダ（目覚めた人）なんですね。

この二九歳の「家出」から三五歳の成道までの六年間、釈迦は何をしていたのか。どんな生活を送っていたのか。

ひと言で言ってしまえば、「歩く、読む、考える」の繰り返しだったのではないでしょうか。なにしろ生まれ育ったルンビニの地から悟りの地のブッダガヤまで約四二〇キロもあります。つまり、歩くことが釈迦のライフスタイルの基本だったわけです。

旅の道中では、インド古来のバラモン教（ヒンドゥー教）の経典をはじめ、さまざまな書物を読んでいたことでしょう。何に向かって生きたらよいのかというような人生問題について、先人たちが何を主張し、何を考えていたのか。勉強する中で一つひとつ吟味しながら自分の考えを深めていったはずです。

歩いては読み、読んでは考え、考えてはまた歩き出す。釈迦は家出後、そんな生活をずっと繰り返していたと想像できます。

私が特に注目するのは、私たち現代人と異なり、釈迦にとって歩くことが日常生活の上で重要な役割を占めていたという点です。現代人の人生指針は言ってみれば「読み、書き、そろばん」でしょう。つまり私たちは、いつの間にか歩くという行為を棚上げにして、今日の便利な文明生活を謳歌《おうか》しているわけです。

これは釈迦の人生と私たちの人生の根本的な違いです。後で詳しく説明しますが、実は歩くという行為は釈迦の言葉、教えを理解するうえで重要なポイントなんですね。

イ ン ド

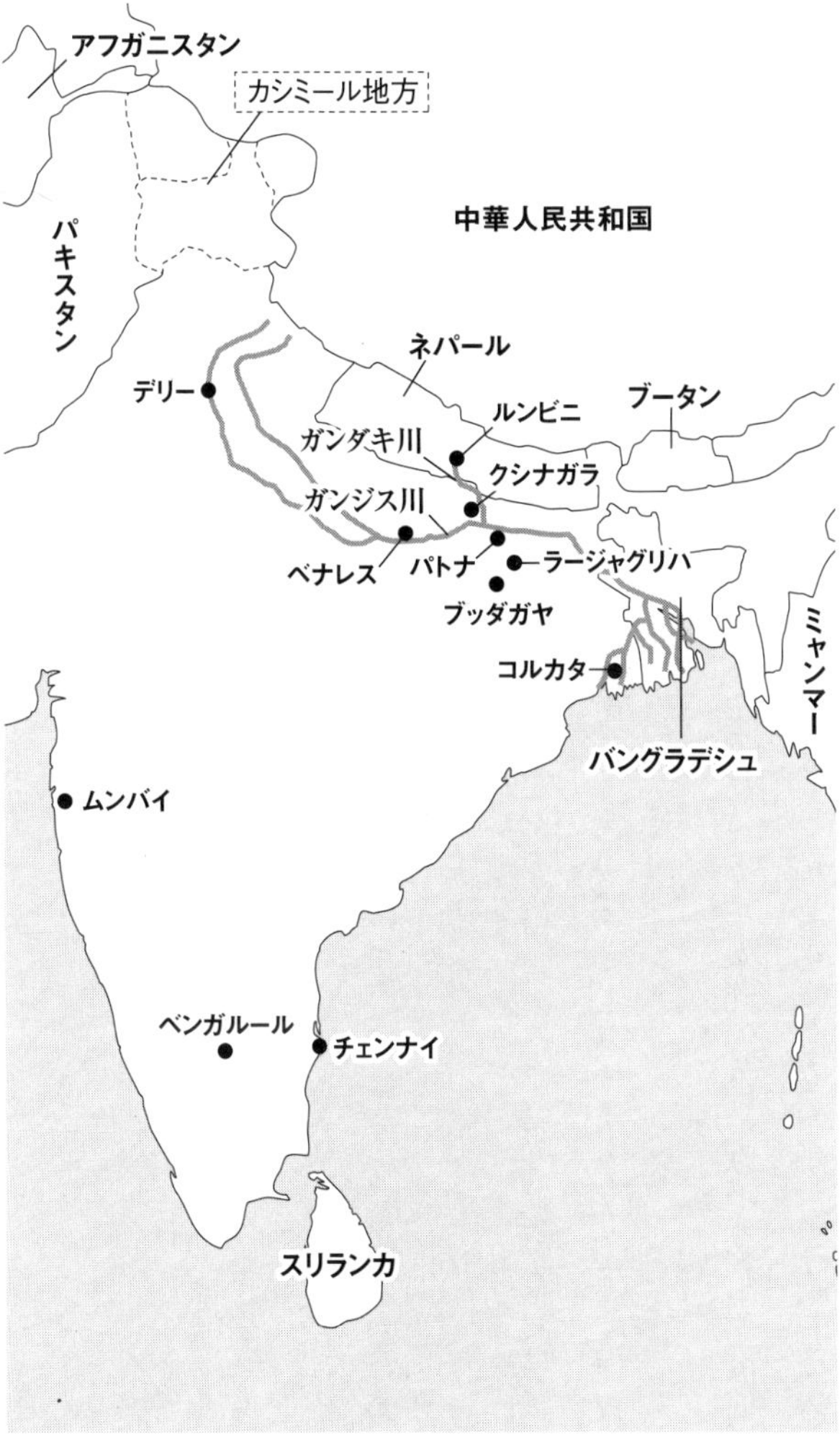
アフガニスタン
カシミール地方
中華人民共和国
パキスタン
ネパール
デリー
ブータン
ルンビニ
ガンダキ川
クシナガラ
ガンジス川
ベナレス
パトナ
ラージャグリハ
ブッダガヤ
ミャンマー
コルカタ
バングラデシュ
ムンバイ
ベンガルール
チェンナイ
スリランカ

この世に起こる一切のこととの本質とは何か

さて、釈迦は歩きながら考える旅の中で、具体的にどんなことを考えていたのか。

端的に言ってしまえば、この世に存在する一切の「もの」の本質について考え、瞬時も休むことのない「こころ」の特質について考え続けていたのだと思います。「もの」は永遠か有限か、「こころ」は善か悪か、と。

次から次へと疑問が群がり起こってきたでしょう。人間の苦しみや悲しみは何に由来するのか。人間はなぜ老いて病に倒れ、やがて死に至るのか。人間の欲望の根源が食欲や性欲だとすれば、欲望から解放されるためにどうしたらよいのか。このまま感情のおもむくままに生きていていいのか。この世を生きていくための法則はあるのか。自己とは何か。人間とはいったい何か。

まさに「生老病死」、人生の根本にかかわる問題たちです。

そのような問いに向き合っているうちに、釈迦はしばしば悪魔的な幻覚や幻聴に襲われるようになり、そこから逃れるために断食や苦行に熱中するようになっていきます。

周りには、自分と同じように「家出」をしてものを考えている人たちがいました。たった一人で行動している者も、三々五々群れを作っている者もいます。我が道を行く遁世《とんせい》者たち、遊行《ゆぎょう》僧たちです。

いつまでも瞑想《めいそう》に没頭している行者。川や池に入って沐浴《もくよく》を繰り返し、神に祈っている行者。断食に入ってやせ細り、幽鬼のような姿になっている行者。声高に自己を主張し自説を展開してみせる行者もいれば、静かに沈思黙考を続ける穏やかな行者もいます。

中には「この世では全てのことが許され、斬るも殺すも勝手しだい」とまくし立て、釈迦に論争を挑む道徳否定論者もいました。善と悪を否定し、一切の修行を笑い飛ばし、「人は死ねば無に帰するだけだ」と。無神論、唯物論は古代インドに限らず、どの地域のどの文明においても発生した思想です。

家を出てからの釈迦の心を悩ませたのは、こうした周りの「雑音」のほかにもう一つ、悪魔による「誘惑の声」でした。それが夢うつつに現れて、釈迦を苦しめます。

時として、結婚生活の愛欲の記憶が蘇る。怒りや悲しみの感情に打ちひしがれる。周りの人々に対する敵意や殺意まで群がり起こり、さいなまれる。そういう変転きわまりない心の動きに傷つき、悶《もだ》えている自分がいる——。

こうした煩悶《はんもん》が後の世に釈迦における悪魔幻想、悪魔伝説となって語り伝えられているわけです。

菩提樹の下の成道と甘露

気がつくと六年の時が経ち、釈迦はブッダガヤにたどり着いていました。そこはガンジス川の中流域に位置し、ヒンドゥー教の聖地に近い場所です。釈迦は菩提樹の下に静かに坐り、瞑想にふける生活に入りました。

ある日のこと、釈迦は自分が全く生まれ変わったような爽快な気分の中にいることを知ります。姿勢を正し、呼吸を整えているうちに、何事にもとらわれることのない新しい自分が誕生していることを発見しました。これが悟り、成道です。釈迦が悟りを開く直前の有名な逸話に、村の長者の娘スジャータから「ミルク粥」をもらって食べたという伝説があります。

家を出てから六年間、遍歴と苦行の生活を続けていた釈迦の体は、長年の疲労であばら骨が全て浮き出るほどやせ細っていました。過激な修行によっては悟ることなどできないと思い始めていました。

そんな釈迦がブッダガヤの近くを流れるナイランジャナー（尼連禅河《にれんぜんが》）のほとりで坐っている時、近くに住むスジャータがやってきて、ミルクで煮込んだ粥を釈迦に差し出しました。それを飲み干した釈迦は生気が体に満ちてきたことに気づきます。心身が緩やかにときほぐされ、とらわれない自在な思考が働き始めたのです。

これは釈迦における「甘露《かんろ》体験」と言っていいでしょう。甘露は天が降らせた甘い露という意味で、もともとは古代インドで仏教以前に使われていた言葉です。それを飲むと不死（アムリタ）の生命が授かるとされていました。釈迦の生命蘇生の逸話にはこの神話伝承の影響が色濃く出ています。

実はインドを旅すると誰しもがこれと似た経験をするんですね。それはチャイ（インド茶）の接待です。街を歩いても至る所で売られています。ご存じのようにチャイは、紅茶の葉をミルクと砂糖と一緒に煮だして作ります。味といい舌ざわりといい絶妙で、たちまち旅の疲れが取れ、心がのびのびするような気分になります。

私は何度もインドを旅していますが、チャイを飲む度に「ああ、これこそ甘露」という感動を覚えたし、釈迦の成道がミルク粥の摂取と結び付けられて語られてきたことについても、非常に納得できたわけです。

また、私は若い頃に十二指腸潰瘍の手術をし、病床で一週間ほどの絶食治療をしたことがあります。点滴を打っているから生命に別条はないのだけれども、三、四日目になって激しい飢餓感に襲われました。しかし、不思議なことに五、六日目になると、その飢餓感がみるみる薄れ、生理的には枯れ木に近づいているはずなのに、生命力のようなものが逆に湧き出てくるような感じがしたのです。

そして一週間が過ぎて絶食治療が終わり、復食のプロセスが始まりました。その最初の日、まず番茶の一滴が口の中に注がれました。思わず「ああ、甘露の味」と胸のうちで叫びました。

私は釈迦の成道体験を考察する際、自分のこの飢餓体験から甘露体験に至る一連のプロセスと重ね合わせて想像する癖がついているんですね。

「四諦八正道」の教え、人生とは終わりのない実践である

釈迦三五歳の時の悟り、ブッダガヤの菩提樹の下に坐って得た体験の内容とは、どういうものだったのでしょうか。

古い伝説や仏典を見ると、それは「四《し》諦《たい》八《はっ》正《しょう》道《どう》」ということになっています。

四諦とは、「苦《く》・集《じゅう》・滅《めつ》・道《どう》」という四つの真理、原理のことです。

八正道（または八聖道）とは、

・正見（正しいものの見方）
・正思（正しい思考）
・正語（正しい言葉づかい）
・正業《しょうごう》（正しい行為）
・正命《しょうみょう》（正しい職業、生活）
・正精進（正しい努力）
・正念（正しい目的を念じ忘れないこと）
・正定《しょうじょう》（正しい精神統一、禅定《ぜんじょう》）

という八つの正しい道、生き方のことです。
釈迦の悟りの内容としてより重要なのは四諦だと思います。

- 苦——人生は苦と迷いに満ちている。
- 集——苦と迷いは人間の欲望から起こる。
- 滅——だから、まず欲望を根絶しなければならない。
- 道——欲望の根絶のために八正道がある。

人生苦の根本原因は欲望であるから、それを消滅させるため、日夜精進しなければならない。実に簡明、論理的な考え方で、信仰の告白というより、むしろ倫理、道徳に近い感じがします。

合理的な考えと矛盾しない分、神秘や非合理の世界から遠く離れているように見える。そのため宗教的情熱よりも哲学の雰囲気が立ちのぼってきます。

要するに、釈迦の言葉、教えはどこか乾いているんですね。感覚的なところが極めて希薄で、一切の感傷や情緒をはねつけるようなところがあります。これは釈迦が生まれ、そして伝道した地域が北インドの乾燥地帯だったということと密接に関係しているというのが私の考えです。このことは後で詳しく説明します。

「四諦＝苦・集・滅・道」には、もう一つ注目すべき点があります。それは四つの原理の最後に「道＝八正道」という実践がわざわざ置かれていることです。

普通は、人生苦を脱するために八つの正しい道を歩めば、最終目標である滅（悟り、欲望の根絶）に至ると考えると思います。

釈迦はなぜそう考えなかったのか。釈迦は、たとえ最終目標の滅に到達したとしても、人生には終わりのない実践、すなわち八正道の努力がさらに必要であると考えたのではないでしょうか。

実はこれが釈迦の言葉、教えが単なる哲学ではなく、宗教であるということの重要な根拠になっていると思います。

釈迦が初めて悟りの内容を他人に語ったのは、鹿野苑《ろくやおん》（現在のサールナート）にいた旧友の五人の修行僧に対してです。再会した時、彼らは苦行を離れた釈迦が静かな安らぎ（ニルヴァーナ）の中にいる姿を見て驚き、最初になぜそうなることができたのかと尋ねます。

釈迦の答えは「何事も執着することから離れる。同時に自分を苦しめるような生き方からも自由になる」というものでした。つまり、快楽追求と禁欲の二つの極端を避けて、そのいずれでもないフリーハンドの立場を確立することが大切である。それが「中道」であり、人間を最終的な安らぎの状態＝ニルヴァーナに導くと説いたわけです。

ここで言うニルヴァーナは「涅槃《ねはん》」と漢訳され、後に「人間の死」と結び付けられますが、本来は「生の安らぎ」を意味していました。要するに釈迦は人間の生き方として「安らぎの中道」を発見したのです。

旧友五人は、その中道にどうしたら到達できるのかを知りたがりました。快楽追求でもない、さりとて禁欲の道でもない、そのような第三の道はどのようにして手にすることができるのか、と。

そこで釈迦の口から自然に流れ出てきたのが四諦の原理と、その原理を身に付けるための八正道という実践のシステムです。

釈迦はこの初めての説法で、人間の死や死後の世界についてはほとんど語っていません。まさに人間いかに生きるべきかについてだけ、真正面から説いたんですね。

縁起の網に捕らえられ、無明の闇に苦しむ人間という存在

釈迦にとって重要な悟りには「四諦八正道」の他にもう一つ「縁起」がありま す。

縁起は「因縁」とも言いますが、釈迦は菩提樹の下に坐り瞑想を深めるうちに、このことに気づいて思わず膝を打つような興奮を覚えたのではないでしょうか。

縁起とは、この世にある森羅万象は皆、相拠《よ》り合い、助け合って存在しているということです。見た目には独立しているようでも、互いに支え合い、さまざま

な影響を受け合っています。

たとえば、人間はこの世に生を受けた以上、老いと病から逃れられません。体の状況しだいで喜びや悲しみが生じ、心のバランスがくずれ、苦しみにさいなまれます。それがさらに将来の不安や死の恐怖を呼び覚まします。それらはほとんど目に見えない糸でつながっています。

こうした何重もの因果の網に捕らえられている人間の在り方を、釈迦は縁起の関係で考えたわけです。人間の感覚と表象と観念も縁起の糸でつながっている。そういう一種の妄想の連なりの中から、老いと病と死という苦しみや悩みが生ずる、と。

釈迦が気づいた縁起という連なりはやがて体系化され、「十二縁起」（①無《む》明《みょう》②行《ぎょう》③識《しき》④名色《みょうしき》⑤六処《ろくしょ》⑥触《そく》⑦受《じゅ》⑧愛《あい》⑨取《しゅ》⑩有《う》⑪生《しょう》⑫老死《ろうし》）と言われるようになります。

その第一が「無明」です。それが人間の欲望（執着）に火をつけ、生きることと死ぬことの苦しみを引き出している。この世は無明の闇に覆われている。そのことに早く気づき、その闇に光を射し込むことが悟りへの第一歩である。これが釈迦の非常に重要な教えなんですね。

さて、無明とは何か。「人間と世界の本質に関する完全な無知」ということです。その状況から解放されるためには、まず自分の欲望を引き据え、そこから自由になることが欠かせない。それがひいては生・老・病・死の根本問題を解決する最短にして最良の道になる。釈迦はそう考えたからこそ、「四諦八正道」を唱えたわけです。

それにしても、いくら「執着するな」「欲望を抑制せよ」と言われても、無明という闇は私たちの眼前にいつまでも深々と横たわっています。要するに人間と世界の本質に関する無知＝無明からの解放は、釈迦による私たちに対しての永遠の問いかけなんですね。

老いと死について、ブッダが語っていること

「はじめに」で老いや病、死に関する釈迦の直接的な教えはないと言いましたが、釈迦の言葉を弟子たちがまとめた最古の仏典と言われる『スッタニパータ』には、老いや病、死に関する記述が少しはあります。主なものを紹介しておきましょう。

この世における人々の命は、定まった相《すがた》なく、どれだけ生きられるかも解《わか》らない。惨《いた》ましく、短くて、苦悩をともなっている。

生まれたものどもは、死を遁《のが》れる道がない。老《お》いに達しては、死ぬ。実に生あるものどもの定《さだ》めは、このとおりである。

熟した果実は早く落ちる。それと同じく、生まれた人々は、死なねばならぬ。

かれらにはつねに死の怖《おそ》れがある。

たとえば、陶《とう》工のつくった土の器が終にはすべて破壊されてしまうように、
人々の命もまたそのとおりである。

若い人も壮年の人も、愚者《ぐしゃ》も賢者も、すべて死に屈服してしまう。すべての者は必ず死に至る。


（中村元訳『ブッダのことば――スッタニパータ』岩波文庫、第三「大いなる章」、八「矢」より一部引用）

ああ短いかな、人の生命よ。百歳に達せずして死す。たといそれよりも長く

生きたとしても、また老衰のために死ぬ。

人々は「わがものである」と執著《しゅうじゃく》した物のために悲しむ。（自己の）所有しているものは常住ではないからである。この世のものはただ変滅するものである、と見て、在家《ざいけ》にとどまっていてはならない。

人が「これはわがものである」と考える物、――それは（その人の）死によって失われる。われに従う人は、賢明にこの理《ことわり》を知って、わがものという観念に屈してはならない。

夢の中で会った人でも、目がさめたならば、もはやかれを見ることができない。それと同じく、愛した人でも死んでこの世を去ったならば、もはや再び見ることができない。

「何の誰それ」という名で呼ばれ、かつては見られ、また聞かれた人でも、死んでしまえば、ただ名が残って伝えられるだけである。

（中村元訳『ブッダのことば――スッタニパータ』岩波文庫、第四「八つの詩句の章」、六「老い」より一部引用）

仏典の言葉が、頭ではわかっても、体で納得するところまでいかない理由

多くの人が『スッタニパータ』にある釈迦の言葉を読んでも、あるいは「四諦八正道」や「無明」を知識として知っても、正直なところ「言っていることはわかるけれども、現実の生活ではそんなに割り切って思えない」と感じるのではないでしょうか。

特に釈迦の言葉を記した『スッタニパータ』は、釈迦が得た悟りの全体像について、自分の一生を顧みて、あるいは自分が出会ったさまざまな人々の生き方を見て、筋が通るようなかたちで論理的にまとめ、弟子たちに説明したものです。

一般の人でもわかるような言葉になっているけれども、自分の心と体で実践した悟りの過程を細かに説明したものではありません。

だから「わかるけれどもわからない」と感じるのは、ある意味当然なわけです。特に現代人からすれば、単に理屈を聞かされたという印象になります。

悟った者の立場から振り返った言葉、反省した言葉は、その一つひとつの言葉を支えている喜怒哀楽、心情、そういうものがそぎ落とされています。文章にすると、なおさら理屈の面が強く出てくるわけです。

つまり、頭ではわかるけれども体で納得するところまではなかなかいかないんですね。

釈迦の言葉は、到達した結論的な状況を言葉で表現するとこうだという典型的な賢者の説明になっています。釈迦以外の歴史上の賢人たちの語る言葉、イエスの言葉にしてもほとんどそうです。

言っていることはものすごく心に響く。けれども実感として、それを受け止めることがなかなかできない。ましてやそれを日常の生活の中で実践するという域には遠く及ばない。

その意味では、『スッタニパータ』以外の仏典の言葉も聖書の言葉も同じなのです。最初から全部納得できるわけではない。これは人間の普遍的な現象だと思います。

年を重ねることで、自分の体験と釈迦の体験の重なりが見えてくる

とはいえ、釈迦の言葉を頭だけでなく体でも納得したいという思いは多くの人にあるはずです。そうすれば、悟ることができない凡人でも、煩悩なり悩みなりが少しは軽くなるのではないかと。あるいはもしかしたら悟れるのではないかと。

そこで自分の体で体験しようと仏教の実践の道に入ったりします。ただし、若い頃の体験と三〇年、四〇年と年月を重ねた時の体験と、その内容は自《おの》ずと違ってきます。

内容は違ってくるのですが、最後まで「これだ」というところまでなかなかたどり着けない。

「わかるけれどもわからない」の繰り返しなんですね。

それでも凡人は凡人なりに年を重ねて死が近づいてくると、それなりに自然に納得できるようになる釈迦の言葉、あるいは釈迦の人生もあります。つまり、自然に身につけてきた自分の体験と釈迦の体験との間に関係があるという閃《ひらめ》きが出てくるわけです。

年を重ねて死に近づくと、釈迦の教え、あるいはイエスの教え、賢人たちの教えをだんだん深く広く理解するようになっていく。これもまた人間の普遍的な現象ではないでしょうか。

私自身、宗教学や仏教学などに関心を持ち始めた青春の頃、大学生の頃、また大学を出て社会に出た頃を思い返すと、釈迦の人生を知識として知っているだけでした。

知識として釈迦の人生を考えている限り、いつまで経っても釈迦の存在が、あるいは釈迦の教え、釈迦の言葉が全然自分の近くに下りてこない、身近にならないわけです。つまり、いつまで経っても釈迦の人生が他人事《ひとごと》、他人の考え方であり他人の実践だったんですね。

そういうジレンマと言えばジレンマ、矛盾と言えば矛盾を、私は青春時代から中年時代に体験したわけです。

永平寺の坐禅体験がきっかけで、五〇年の早朝坐禅

これじゃいかんということで、始めたのが私の場合、「坐る」ことでした。坐禅《ざぜん》を体験した最初は駒澤大学に勤めていた四五歳の時です。教職員研修で永平寺（福井県、曹洞宗の大本山）に行って三日間、二〇〜三〇人の参加者と寝食を共にして、坐禅や作務《さむ》などを体験しました。

早朝三時に起きて坐禅堂に入って一時間、坐禅をしたのですが、つくづく嫌になった。眠いわ、足が痛いわ、蚊に刺されるわ、もう二度とこんなところに来るかと思って最終日を迎えました。

永平寺のご住職が三日目の最後に短くご挨拶をなすったんですね。

「もう皆様はこりごり、もうここには来ない。そういう気持ちになっておいででしょう。しかし、今日お帰りになってから、だまされたと思って、朝五分でも一〇分でもお坐りになってください」と。

なかなかいい話だなと感心しました。ただ、もう二度とお山になんか来るもんかと思って、永平寺から家に戻ったわけです。

でも翌朝、目覚めると自然に坐っていました、山で教えられた坐禅の作法に従って。五分ぐらいしか坐りませんでしたが。

いつの間にか一カ月経ち、二カ月経ち、毎朝、起きると坐っていました。不思議にお山から下りて来た翌日から、ずっと坐る習慣がついたんですね。

時間は初めの頃は五分、一〇分ぐらいでした。それがだんだん一五分になり二〇分になり、結局、五〇分から一時間になった。それで三〇年以上、気がついたら七〇歳を超えていました。朝早く起きて、お手洗いに行って、坐る。それが食事をするのと全く同じように当たり前のことになりました。

体の調子が悪い時にはやめておくけれども、よほどのことがない限り、必ず毎朝坐るようになりました。半世紀近く一日も欠かさず、早朝坐禅が続いたというのは私にとって奇跡のような話でした。

坐る習慣で、釈迦の教えが自分にだんだん近づいてくる

そして坐っている過程で、だんだん釈迦が自分のほうに近づいてくるようになりました。自分が釈迦に近づいていくのではありません。あくまでも釈迦の人生、釈迦の教え、釈迦の言葉、つまり仏教というものが自分のほうに近づいてくる感じを持つようになったわけです。

釈迦は三五歳の時、菩提樹の下に坐って悟りを開きました。最初から坐っていたわけではありません。二九歳の時に家を出て、放浪遍歴（これは林住《りんじゅう》期的な生活ですが、林住期については後で詳しく説明します）を重ねながら、大地に坐って

瞑想に入ることが基本だということを体得しました。そのことが半世紀近く続けた早朝坐禅を通じてしみじみとわかりました。

要するに仏教の伝統はまず坐るところから始まるという基本が、単なる知識ではなく、身をもってだんだんわかるようになったんですね。

仏教は坐ることから始まります。たとえば、「日本仏教の母山」と言われる比《ひ》叡山《えいざん》（天台宗の中心地）でも常《じょう》坐《ざ》三昧《ざんまい》という坐禅修行が伝統的に行われています。高野山《こうやさん》（真言宗の中心地）にも「阿字観《あじかん》（大日如来を表す梵字「ア」を前にして坐る）」という瞑想法が伝わっています。

坐る時に何が大事かというと、まず呼吸を整えること。つまり深呼吸、いわゆる丹田呼吸です。それから姿勢を整えること。これは永平寺も比叡山も同じです。

私の場合、それが身につくまで一〇年ぐらいかかって、本当に姿勢が整ったな、呼吸が整ったなと実感できるようになったのは六〇代でした。

よく言われる「無の境地」にはなれませんでした。無になろうとするほどに雑念、妄想が群がり起こってきます。それは半世紀近く坐っても変わらなかった。でも、修行僧ではないのだから、それで全然構わないわけです。

足の組み方は、最初からずっと結跏《けっか》でした。痛い人は半跏でもいいと言われましたが、私は全く痛くなくて、すっと組めました。太っていないし足も長いほうではないからでしょうが、やはり結跏のほうが体は安定します。

坐蒲《ざふ》を敷いて（私は坐布団を四つに折って坐っていました）、教わった通りの丹田呼吸、姿勢を正して坐禅をしていると、足腰も強くなります。

私は他所《よそ》の家を訪ねて坐布団を出された時にもお許しを得て、坐布団を二つ折りにして坐るようにしていました。そうすると姿勢がすっと真っすぐになって呼吸も落ち着いて、すごく楽だったんですね。

坐ること、歩くことは大切な修行

早朝坐禅は八〇代に入っても続けていました。けれども八六歳の時に大病をして、坐ることができなくなりました。それで八六歳からは坐禅を断念して「歩く」ことに集中するようになりました。

九二歳の今でも毎日二〇～三〇分歩いています。天気の時は外に出て歩く。雨が降ったり寒かったりと外に出るのがつらい時は、家の中を檻《おり》の中のクマのように歩く。それを一日も欠かしていません。

歩くことを習慣化するにあたって、私は食事の買い出しに行くようにしています。コンビニやデパ地下が歩いて一〇分、一五分のところにあるので、往復歩くとちょうどよい。何も買わずにただ歩いて帰ってくることもあります。

こんなふうに八六歳以降、毎日歩き続けていられるのも、それまで早朝坐禅を続けて足腰が強くなっていたおかげだと自分では思っています。

歩く時にはとにかく集中する。姿勢を正しく、呼吸を整えながら歩くことを心がけています。坐禅と同じですね。

坐ることと同じように、歩くことも仏教においては重要な修行です。たとえば、比叡山の千日回峰行《かいほうぎょう》は、山中を不眠不休で歩き回ります。永平寺の雲水《うんすい》（修行僧）も托鉢《たくはつ》などでよく歩きます。それは釈迦がよく歩いたからでもあるのです。

修行と言うと非常に言葉は硬くなりますが、自分で体験することによって坐る、歩くがいかに大事か、納得できるようになりました。単に仏教の知識を得るということではなくて、腹に落ちるようになったわけです。

坐ることに関しては半世紀近くかかってわかった、歩くことに関しては九二歳になってようやくわかったと言えるでしょうね。

ちなみに私は歩いた後、お風呂に入ります。ただし、一日おきです。これは修行とは関係なくて、心臓などの負担を考慮した超高齢者ならではの健康法です。

釈迦と同じ道を歩いて気がついたこと

仏教、あるいは宗教に関する理解を深める体験として、インドをはじめ、さまざまな国・地域の「聖地」への旅も私にとっては非常に貴重なものだったと言えます。

私は四〇代に初めて北インドの「釈迦の道」を訪れました。釈迦の誕生地のルンビニから悟りを開いたブッダガヤまで約四二〇キロほど、ランドローバーやバス、鉄道に乗ったり、所々で歩いたりしながら往復一〇〇〇キロの旅をしました（19ページ地図参照）。

この道はおよそ二五〇〇年前、悟りを求めて二九歳で家を出た釈迦がまさに生老病死という人間の苦しみの根源について悩みに悩みながら歩いた道です。道中、ものすごく乾燥していました。その一帯には森林がほとんどなく、ブッシュみたいなものが少しある程度。いわゆる乾燥地帯です。

乾ききった道を歩いている時、はっと気がついたんですね、釈迦の仏教と日本の仏教は違うんだと。つまり仏教学、あるいは宗教学を研究するうえでは気候、風土がものすごく重要なポイントだということに気がついたわけです。

日本の近代仏教学は、この点をほとんど無視していました。それが日本人の釈迦仏教、インド仏教に対する誤解の根本だと、実際に釈迦の道を歩いてみてわかったのです。

釈迦の教え、釈迦の言葉は非常に乾いた論理的なものです。そのため、ヨーロッパの知識人たちは初めて仏教に接触し学んだ時、よく「我々のキリスト教は宗教だが、仏教は宗教ではない」と言います。「仏教は哲学だ」あるいは「仏教は倫理だ」と。

釈迦のドライな言明の理由は乾きに乾いている気候にあった。それが釈迦の道を歩いて腹に落ちました。また、釈迦の言葉はイスラエルの預言者の言葉と共通するリズムを持っています。その理由も気候が似ているからではないかという仮説も得ました。

釈迦の教えは三つの「無常」に要約される

日本人の釈迦仏教に対する誤解で最もわかりやすいのは「無常」に関するものです。私は無常を釈迦の教えの基本、原則だと思っています。その具体的内容は次の三つです。

第一は、世の中に永遠なるものは一つもない。
第二は、形あるものは壊れる。
第三は、人は生きて死ぬ。

もちろん三つとも釈迦の言い方では、先に紹介したように極めて論理的で乾いた言明になっています。

さて、日本人が最もよく知る無常は『平家物語』の冒頭、「祇園精舎《ぎおんしょうじゃ》の鐘の声、諸行無常の響きあり」にある無常でしょう。この無常と釈迦が言った無常は、とても同じものとは思えない。これも実際に釈迦の道を歩いて気がついたことでした。

釈迦の無常は北インドの気候のように乾ききっています。一方、『平家物語』の無常はとても湿っています。それは、やはり温帯モンスーン気候という日本の気候、風土に影響されたものなんですね。

加えて、文字と音楽の違い、目と耳の違いがあります。釈迦の無常は専《もっぱ》ら文字によって伝承されました。シタールなど楽器の伴奏付きで語り継がれたものではありません。一方、『平家物語』の無常は琵琶《びわ》法師が奏でる音楽をバックに伝承されました。

つまり日本人にとっての無常は、文字ではなく、あの陰々滅々とした音楽で、目ではなく耳で、体全体に響くような『平家物語』を通じて伝承されることによって、ことさら心情的に震えるようなウエットな思想になったわけです。

寺田寅彦が指摘した、日本人独特の無常観

乾いた北インドで釈迦が捉えた無常と、湿った日本で音楽をバックに日本人が捉えた無常とは違う。つまり、こうした違いに気がつかないことで、日本人は仏

教の無常観を誤認してきたわけです。

それを最初に指摘した日本人は仏教研究者ではなく、物理学者の寺田寅彦です。彼はヨーロッパの地震研究を通じて、日本人が災害に対してどういう態度を取るかという問題に関心を持ちました。寺田寅彦の考えは「日本人の無常観は仏教伝来のはるか以前、太古の昔から自然災害で育まれた。ひとたび地震が起これば、人間の運命、社会の運命がどうなるかわからない。そういう地震列島の体験の中から生まれた無常観だ」というものです。

要するに日本の場合、既に湿った無常観を持っていたところに仏教の乾いた無常観が教義として伝えられたわけです。これはいわば二重構造になっています。

しかし、ほとんどの仏教研究者は明治以降、研究の仕方がヨーロッパ系の学問的アプローチで統一されてきたこともあって、日本古来の湿った無常観に正面から向き合ってきませんでした。

日本人の無常に対する誤解、つまり仏教に対する誤解はこの二重構造に目を向けなければ解けないいんですね。

最澄、比叡山の「論湿寒貧」

仏教者のほうはどうでしょうか。

たとえば、比叡山を開いた最澄は日本の湿った無常観に気がついていました。比叡山の修行の厳しさを表す言葉に「論湿寒貧《ろんしつかんぴん》」というのがあります。論は議論の厳しさ。万巻の仏典、書物を読破して議論を尽くす。

寒貧は厳しい寒さと清貧さ。キリスト教の修道院などを見ればわかるように、寒貧の厳しさは世界中の宗教的修行の地に共通しています。

そして湿は湿度の厳しさです。日本列島全体がモンスーン気候地帯なので湿度は高いのですが、特に比叡山は湿度が高い。つまり、最澄は一二四〇年ほど前、湿度との戦いも重要な修行と捉えて比叡山を選んだわけです。

いわゆる鎌倉仏教の宗祖たち、道元《どうげん》（曹洞宗）も法然《ほうねん》（浄土宗）も日蓮《にちれん》（日蓮宗）も親鸞（浄土真宗）も比叡山で修行した人たちなので、当然ながら論湿寒貧の重要性は承知しています。

空海が開いた高野山の修行も考えてみたら論湿寒貧です。

要するに日本の仏教者は、乾いた釈迦の仏教と湿った日本の仏教という違いを意識的に、あるいは無意識的に感じながら、しかし同じだといわば自己誤認しながら釈迦の教え、釈迦の言葉を伝承、継承してきたんですね。

その意味では、仏教者も仏教研究者と同じように日本人の無常に対する誤解を解いてこなかったと言えるのです。

一神教の精神的背景には、厳しい乾燥地帯がある

北インドの釈迦の道を訪れた後、同じく四〇代にイスラエルの「イエスの道」を訪れました。ナザレから旅を始めてガリラヤ湖に行って、ヨルダン川を南下してエルサレムに入った。気候的には北インドとよく似ていましたが、乾燥の度合いは格段にそれ以上でした。

その時にはっと腹に落ちたわけです。頼るべきものが何もない砂漠地帯だからこそ、頼るべきものは現状のはるか奥にある目に見えない絶対の存在になる。こ

の砂漠が一神教の精神的背景だと。

インドにも砂漠があります。けれども、その周辺地帯には広い野原、耕作地が広がっています。だからインドはヒンドゥー教の多神教的世界なんですね。

ただインドの場合、北に行くと中央アジア、中国にかけて完全な乾燥地帯です。その地域から阿弥陀如来《あみだにょらい》に帰依する阿弥陀信仰、浄土信仰が出てきました。それはイスラエルと共通しています。

つまり、乾燥地帯だからこそ天上、あるいは目に見えない「唯一絶対」的なものの存在を感じながらでなければ生きていけないわけです。

祈りの姿勢に見る世界と日本の違い

ユダヤ教やキリスト教には坐禅、あるいは回峰行のような特筆すべき心身的な修行は見当たりません。つまり日本のように坐る、歩くではなく、専《もっぱ》ら祈るんですね。

私は一〇世紀前後から続くフランスの改革派の修道院やエジプトの砂漠の真ん中にあるコプト系のキリスト教会、あるいはロシア正教会の修道院やユダヤ教のシナゴーグ、イスラム教のモスクなど、ただ訪ねるだけではなく、泊めてもらって食事もご一緒させていただいたことがあります。

どこでも必ず早朝礼拝の時間があって、そこに集う人々はそれぞれ自由な姿勢でお祈りの時間を過ごしていました。永平寺における雲水たちのような規律正しい姿勢で礼拝している場面に出会ったことは一度もありません。

たとえば、キリスト教の修道士たちは聖書を唱える時、柱に背をもたせかけたり、坐ってあぐらをかいたり、お茶を飲んでいたりとさまざまでした。

実はインドやチベットの僧院もそうなんですね。大勢のお坊さんが一堂に会して、みんな同じような僧衣を着て同じように坐っているけれども、背中を丸めて、手元に経典を置いて、それを見ながらお経を読んでいます。そばに茶碗を置いてお茶を飲みながら。中国のお寺のお勤めにも参列したことがありますが、お坊さんの姿勢は緩やかなものでした。

要するに、姿勢を正して礼拝するのは日本だけなんです。つまり、ここにも「無常」に関する二重構造と同じように、日本の仏教の一つの特徴が出ているわけです。

空海が日本の仏教に与えた影響

日本の仏教の重要な特徴には大乗仏教至上主義もあります。釈迦の仏教から小乗仏教となり、やがて大乗仏教になったというふうに進化論的な発展過程の中で仏教を捉えています。

つまり小乗仏教である上座部《じょうざぶ》仏教、いわゆる南方仏教は低い段階で、仏教が全面開花したのは大乗仏教である北方仏教が日本に伝わり盛んになってからだと。

こうしたことを最初に言ったのは真言宗の宗祖の空海です。彼は有名な著書

『秘密曼荼羅《ひみつまんだら》十住心論《じゅうじゅうしんろん》』で、人間の心を非常に低い動物的な心の段階から真言密教の悟りの心まで、一〇段階にレベルを分けました。小乗仏教の心は四～五段階で、大乗仏教の心は六～一〇段階。つまり、大乗仏教は小乗仏教よりも上で、大乗仏教の最上位が真言密教だと宣言したわけです。

その影響もあって日本では、小乗仏教に関心を持ち、それが釈迦の生き方と非常に深いところでつながっているということを理解する人が少ないわけです。

大乗仏教至上主義は日本の各宗派が釈迦如来よりも大日如来や阿弥陀如来、薬師如来などを重視している状態を見ればよくわかるでしょう。

たとえば、浄土真宗の本尊は阿弥陀如来です。だから釈迦如来、大日如来、薬師如来のことは何も言わないし、それを誰もおかしいとは思いません。

ただ、今日の普遍性や多様性というような観点から見ると、やはり大乗仏教至上主義は偏った宗教観だと言えます。

二章

林住期で身軽になる

釈迦は「四住期」を意識して生きた知識人

　前章では、釈迦の教えである仏教の宗教的特徴について、私自身の「体験的理解」を含め説明しました。それを踏まえて、この章では俗人釈迦の生き方、つまり聖人釈迦の宗教的思想とはひと味もふた味も異なる、いわば生身の人生観について考察していきます。

「はじめに」で述べたように、私たちの生き方のヒントは、まさに俗人釈迦の生き方にこそあるというのが私の主張です。

　さて、仏教は今から約二五〇〇年前に釈迦によって説かれるようになりました。

その頃、インドのいわゆる知識人の間ではバラモン教（ヒンドゥー教）が主流を占めていました。つまりインドでは、仏教以前から出家者によって重要な人生観が説かれていたわけです。

その代表的な人生観は「四住期《しじゅうき》」です。これは人生を四段階のライフステージに分ける考え方です。

- 第一段階「学生期《がくしょうき》」
- 第二段階「家住期《かじゅうき》」
- 第三段階「林住期《りんじゅうき》」
- 第四段階「遊行期《ゆぎょうき》」

このように分ける考え方で、釈迦の人生観、つまり生老病死観と表裏の関係にあることがわかります。

もっと端的に言うと、釈迦はこの四住期を意識して生きた知識人でした。だから釈迦の人生、あるいは釈迦の教え、釈迦の言葉を本当に理解するには、まず四住期というインド古来の人生観を知ることが不可欠なわけです。

「悟る以前の釈迦」と「悟った釈迦」の二分法では見えてこないもの

ただ一方で、釈迦の教え、釈迦の言葉は悟りを開いた後に唱えられたものが中心になっています。つまり釈迦は、悟った結果、すなわち賢者になってから自分自身の体験などを語ったということになっています。それが仏教として受け取られてきたわけです。

もちろん悟りを開く以前のことも、神話のようなかたちで悪魔の誘惑や遊女の誘惑、あるいは赤子の釈迦が「天上天下唯我独尊《てんじょうてんげゆいがどくそん》」と言ったという話、一四歳の時に老人、病人、死者、出家者を見て人生に迷い、悩むようになったという「四門出遊《しもんしゅつゆう》」の話などが伝えられています。

ただしそれは、さまざまな苦しみから離れて、悟りを得て、釈迦の本当の人生が始まったという二分的なかたちになっています。つまり、悟る以前の釈迦の人生は神話的な物語として、克服されるものとして語られているわけです。

要するに仏教者にとって、悟り以前の釈迦の人生、あるいはその人生観は仏教以前という位置付けでしかありません。

近代的仏教学も、釈迦は仏教以前のバラモン教、つまりインド古来の知識人たちの人生観を否定して、出家をして悟りを開いたという前提に立っています。釈迦は悟ることによって、それ以前にインド社会の一般的な知的な人々が考えていた人生観を抜け出たと。

しかし釈迦の人生は、仏教以前からある当時の知識人たち、あるいは一般のバラモン教徒たちの人生観と対比しながら考えないと、悟った後の釈迦、賢者の釈迦の姿しか見えてきません。そこに至るまでに苦しんだ釈迦のライフステージが隠されてしまうからです。

つまり、近代的仏教学のように悟り以前と悟った後の釈迦を真っ二つに分けて考えると、釈迦の八〇年の生涯を全体として捉えることができないんですね。

だから仏教以前からインド社会の中にある知識人から文字の読めない庶民までを含んだ広範な人々の人生観、死生観を明らかにする必要があります。そして、そこに生まれ育った釈迦が徐々に苦しみから抜け出ていくプロセスを捉える必要があるわけです。

インドの歴史やインドの哲学者、賢人たちが説いた教えなどを総合的に見渡すと、そこには共通して流れている人生観があります。それが初めに述べた四住期なんですね。人間というものは四つのライフステージを経て最期を迎える。それが非常に理想的であるという人生観です。

四住期という考え方が釈迦のはるか以前から説かれていたことは、たとえば、バラモン教の教えをまとめた『マヌ法典』を読むとよくわかります。

『マヌ法典』は紀元後に知識人によって文字化されたものですが、その内容は古来、口頭で伝承されてきた事柄であって、仏教以前から広範な人々に受け入れられてきた教えです。つまり四住期は、インドの普通の庶民が自然に受け入れていた人生観なんですね。

林住期とは「家出」をして自由になる時代

さて、四住期の中身は何か。

第一期の学生期は日々学び、親や教師に従う生活を送る、文字通り「学生の時代」です。

第二期が家住期、家に住む、です。仕事に就いて結婚して子どもを作り、「経済人・家庭人として活動する時代」です。

そして第三期の林住期。当時のインドは家父長制の社会です。家庭を持ち、子どもを社会的人間に成長させた後、父親は息子に家長を譲ります。そして家を一時的に出て旅をしたりしながら本当にしたかったことをする。つまり、「自由を享受する時代」です。

旅に出て音楽の世界に入ったり、森に入って瞑想にふけったり、いろいろな人々と交流したりと、それまでの世俗的な生活を抜け出て自由気ままに生きる。場合によっては女に狂ったり、酒に溺れたりもする。とにかく一時的に家や家族の縛りから逃れ出て、自由な生活を送る時代が林住期です。

これは要するに「家出」なんです。家を出るといろいろな発見があります。世俗的な心の疲れもリフレッシュされる。場合によっては自由に溺れて失敗して、のたうち回るような思いもする。林住期には人それぞれ、さまざまな人生的な経験をするわけです。今でもインドに行くと、そんなふうに生きている人たちがたくさんいます。

林住期は中途半端と言えば中途半端ですが、自然の中での生活と旅暮らしの時代、あるいは瞑想と遊びの時代です。

ただし、ほとんどの人間はやがてお金が尽きます。年も取るし、病気にもなります。家を出ているから、このまま死んだらどうしようと不安になります。つまり林住期は、だんだん老病死が近づき、その苦悩が深まる時代でもあるわけです。

そういうプロセスの中で、さて、どうするかと考える。その意味では、林住期は自分の晩年に思いを巡らす自由な時間でもあるんですね。

こういう時期をライフステージに組み入れたインドの賢人たちの人生観はなかなかのものです。私が知る限り、林住期のようなカテゴリーを人生観の中に取り入れた民族、文化はインド以外にあまりありません。

林住期の中で死が近づいてきた人間はどうするか。ほとんどが世俗に、自分の妻のもと、家族のもとに戻っていきます。

ただ、世俗に戻って元の木阿弥《もくあみ》かというとそうじゃない。林住期で別の世界をさまよい歩いた、その結果、さまざまな人に出会って、さまざまなことを学んできた。そのいわばリフレッシュの蓄積が、再び始まる家族、あるいは共同体の暮らしの中で活《い》かされます。つまり林住期は、ある種の成熟の時間でもあるわけです。

遊行期に進んだほんのわずかな人が釈迦でありガンディー

林住期の次が最終のライフステージ、第四期の遊行期です。日本のいわゆる生き方本には「それまで得た経験や知識を、世間に伝える時期」といった説明も見られますが、本来の遊行期は違います。生き方本にある説明は先ほど言った林住期を経て世俗に戻った後、つまり林住期のいわば延長の話でしかありません。

実は最終ライフステージの遊行期に進めるのは、ほんのわずかの人間です。遊行期に進んだ人間は、もはや家族、共同体のもとには帰りません。帰らずにどうするか。現世を放棄して、一人の遁世《とんせい》者、聖者として全く別個の人生を歩み始めます。

要するに現世放棄者、遁世者、聖者になった最も代表的な人物が釈迦なんです。現代においてはガンディーが遊行期を生きた一人と言えます。

先に述べたように、四住期は釈迦以前のインドの賢者たちが考えた人生論、つまりバラモン教の人生観です。そのため、釈迦没後に発展した仏教、中国から日本に伝わった仏教は、この四住期の人生観をほとんど話題にしてこなかったわけです。近代的仏教学も四住期の観点を取り入れてきませんでした。

しかし釈迦の人生を真に理解するには、四住期の世界を経験しながら、その最終にして究極のライフステージを歩むことができた人間が仏教というものを作ったという観点が不可欠なのです。学問的な言い方をすると、仏教とバラモン教の間に断絶を入れるか入れないかという問題になりますが、私に言わせれば、断絶を入れるなんてとんでもない話なわけです。

私は五〇年以上前、インドの社会学者K・M・カパディアの『インドの婚姻と家族』（未來社、一九六九年）という本を翻訳しました。その仕事を通して、四住期と釈迦の人生の分かち難い関係性に気づき、特に釈迦の人生の中にある「林住期」のステージについて考えなければいけないのではないかという問題提起をするようになりました。しかし、この林住期問題を当時の日本の仏教界、宗教学会はほとんど無視しました。

一方で、今日に至る五〇年の間に日本は人生八〇年、九〇年、一〇〇年と言われる長寿社会になっていきます。その中で「林住期」という言葉、あるいは生き方をいろいろな人が語るようになり、世間的に知られるようになりました。

それはそれで結構なことですが、私が五〇年も前から提起しているそもそもの林住期問題、釈迦の八〇年の生涯を四住期に当てはめて解釈したらどうなるかという議論は、残念ながら仏教界、宗教学会の中でそれほど深まっていません。

釈迦は「出家」したのではなく「家出」した

さて、釈迦の人生に四住期を当てはめてみましょう。ご承知のように釈迦は王族の生まれです。

釈迦族の小国の王子として生まれる。
結婚したのは一六歳。
妻と産まれたばかりの一人息子を捨てて家を出たのが二九歳です。
家を出た後、三五歳の時に悟りを開き、八〇歳で入滅します。

この釈迦の人生を四住期に当てはめると次のようになります。

一六歳で結婚するまでが学生期。
一六歳で結婚して、二九歳で家を出るまでが家住期。
家を出た二九歳から悟りを開く三五歳までが林住期。

三五歳から入滅した八〇歳までが遊行期。

仏教界では、釈迦が二九歳で家を出て三五歳で悟りを開くまでは釈迦の修行の時代とされています。修行ですから、まさに「出家生活」に入ったという捉え方です。釈迦が二九歳で家を出たのは「出家」だ、釈迦は二九歳で「僧」になったんだと。そして僧になってからも苦しみながらいろいろな修行をして、ついに三五歳で悟りを開いたと。釈迦は出家して六年間の苦行を経て悟りを開いた。これが仏教界の常識的な考え方です。

しかし、バラモン教の四住期の人生観、先ほど説明したインド古来の四段階のライフステージから見ると、それは第三段階の林住期に入ったということです。つまり、二九歳の釈迦の行動は出家ではなく、林住期ならではの「家出」と捉えなければいけない。これが私の解釈です。

そうすると、釈迦も一時的に家を出ただけで、やがて家に帰ってくることを前提にしていたのではないかと考えられます。家出をして自由に旅をする。いろいろな人と出会いながら瞑想をしたり、楽しみにふけったりする。場合によっては遊女と戯れるということも、悪魔と積極的に対話をすることもあっただろう。そういう自由気ままな旅暮らしの中、三五歳で悟りの時を得るわけです。

先ほど述べたように、家出をした人間のほとんどは老病死の不安にさいなまれて家に帰ります。ごくわずかな人間だけが林住期の次の段階、最終第四段階の遊行期、現世放棄者、遁世者、聖者の生活に入っていけます。

要するに三五歳の釈迦は悟りを開いたからこそ、その一人になれたのです。これが私の釈迦の人生の捉え方です。

それは何も釈迦が初めてではありません。それまでのバラモン教の社会においては仙人のように世俗には戻らない行者たち、賢者たちがいたわけです。

このように釈迦の人生を釈迦以前のバラモン教の人生観、インド古来の人生観である四住期という四段階のライフステージで読み替える、あるいはそれをベースにして解釈すると、その人生のみならず、その教え、その言葉をも含めた釈迦の全体像の見え方、ひいては仏教の人生観の捉え方ががらりと変わります。

釈迦が一人息子を「悪魔」と名付けたワケ

世俗の生活と遁世の生活との中間に、聖とも俗とも言えない、その間を行ったり来たり、迷いながら行きつ戻りつする林住期的な遍歴が釈迦にもあった。それがあったからこそ釈迦の人生がだんだん成熟していって、最後は聖なる世界に入って行けた――。

　こういう見方をすると、たとえば「なぜ釈迦は一人息子にラーフラ、悪魔という名前をつけたのか」という問題――これは重要なテーマですが、仏教者も仏教研究者も突っ込んだ議論をしていません――の答えもわかってくるわけです。

　釈迦の人生の物語にはいろいろなところで悪魔が出てきます。人生に迷っている、悩んでいる人間は、その迷い、悩みの原因を悪魔的なものの仕業だと考えたりします。それは釈迦以前からインドにあった現象だし、世界中で見られる普遍的な現象です。

　釈迦の四門出遊の伝説によれば、一四歳の時に世間の人々の老病死の姿と出家者の姿を見て、釈迦は既に迷い、悩み始めていました。そして、出家して修行するしかないと思いながらも結婚して子どもを作ったわけです。

　釈迦の悩みは深まったはずです。妻子がいて修行なんてできるのか、そんな生き方はおかしいと。つまり、釈迦にとって生まれたばかりの一人息子は迷い、悩みの原因、悪魔的なものなんですね。だから「ラーフラ（悪魔）」という名前を息子につけ、とにかく妻子から離れなければならないと家を出たのです。

要するに釈迦の家出の目的は世俗の迷い、悩みから解放され、自由にやりたかったことをやるためであって、釈迦の場合、それが出家者の生活、修行だったというわけです。これはまさにインド古来の林住期の生き方です。

家出をした釈迦は六年間の林住期の中で、妻子を含む世俗のことに一切悩まなかったのか。そんなはずはなくて、俗と聖を行き来するようにして修行を重ねたわけです。その結果、悟りを開いて三五歳で遊行期に入り、正真正銘の出家者、聖人として八〇年の生涯を全うしました。

私は俗と聖を行き来する林住期にこそ、「人生一〇〇年時代」を生きる今日の私たちが、老病死に対する不安にどう立ち向かうかという問題を考えるヒントがあると思っています。

ともすると私たちは、老病死から遠い人生の前半を明るい五〇年、老病死に近づく人生の後半を日陰の五〇年と二元的な対照として考えがちです。

しかし、人生の後半の五〇年を林住期と捉え、俗と聖を行き来するような生き方ができれば、決して日陰にはなりません。現に九二歳の私は林住期を生きていて、極めて明るく老病死に立ち向かっているつもりです。

林住期的な生き方は、キリスト教やイスラム教、道教・儒教の文化圏では積極的に取り上げられていません。日本の仏教も悟りを開く以前の釈迦の人生を否定してきたことで、あまり言及していません。

ただし日本の場合、林住期的な生き方をした人間がいないわけではありません。実は私自身、釈迦の林住期はもちろん、彼らを見習って人生の後半を生きてきたと言えるんです。

半僧半俗として林住期を自由に生きた西行

釈迦の八〇年の人生をどう理解したらいいか。林住期という観点を取り入れることで、私の考え方、見方は大転換しました。そして、林住期的な人生観はインド固有のものなのか、世界のどこにでもある人生観なのかと考え始め、いろいろと調べているうちに、興味あるかたちで継承されているのは日本だと気がつきました。

林住期的生き方は、ヨーロッパにはほとんどありません。中国には若干あって、たとえば「仙人」や「不老不死」という考え方は林住期的生き方に近い。つまり、聖的な領域と俗的な領域が入り混じっているところが仙人思想の中にはあります。

先ほど述べたように、林住期という人生観の特徴は、世俗的な生き方と聖的な生き方が入り混じっているところがあることです。欲望の世俗的世界に徹底するわけでもなく、禁欲の聖的世界に徹底するわけでもない。中途半端に俗と聖を出たり入ったり、行ったり来たりする。その意味では、自由気ままで遊戯的な生き方です。

この点、日本には古来、「半僧半俗」「非僧非俗」という仏教者たちの生き方があります。それは平安時代末期の歌謡集『梁塵秘抄《りょうじんひしょう》』に「遊びをせんとや生まれけむ」とあるような人生観です。

これが日本に継承されている林住期的生き方です。

林住期的生き方を代表する日本人を四人挙げておきましょう。

一人目は西行（一一一八〜一一九〇年）。『新古今和歌集』の第一等の歌人としてよく知られる僧侶です。武士を辞め、妻子と別れて出家生活を送ったと言われていますが、単なる「家出」であるというのが私の認識です。

西行の人生の中心は旅でした。つまり一所不住、あるいは遍歴、まさに林住期的生き方をした人間です。

ただ西行は旅暮らしの中で、家族のところにしばしば帰っています。また旅の目的も東大寺の勧進、寄付金募集のために奥州まで行ったり源頼朝に会って兵法を教えてみたりと、世俗的な仕事、つき合いが少なくない。武士時代につき合った貴族たちと一緒の旅というのもあります。

しかし、一度も歌を捨てたことはありません。歌人の仕事は世間とのつながりがなければ続けられない。だから積極的に世俗的世界とかかわったんですね。

僧侶としての修行は主に高野山で重ねましたが、比叡山に登ったり伊勢神宮に行ってお社《やしろ》の前で拝んだりもしています。つまり西行は、単に一流の歌人で収まるような生き方をした人間ではないわけです。

西行はいったい何を求めてそういう生き方をしたのか。それは「自由の境涯」だったと思います。西行が日本的自由、フリーダムを生きた人間だからこそ、西行的生き方は後世の多くの人々に恋い慕われるようになったのでしょう。もちろん、私も西行の生き方に憧れを持つ一人です。

西行は同時代の歌人たち、たとえば、公卿《くぎょう》・九条《くじょう》兼実《かねざね》の歌の師範になった藤原《ふじわらの》俊成《としなり》のような生活もできたはずです。しかし、彼らと同じような生き方をしようとはしなかった。聖でもあり俗でもある、あるいは聖でもなく俗でもない。いわば半僧半俗というかたちで、旅暮らしの中で歌を詠み続ける。そんな林住期的生き方を貫きました。

西行の生き方は、『万葉集』『古今和歌集』の歌人たちとも基本的に違います。しかし、彼らをも凌《しの》ぐ才能豊かな歌人だったわけです。西行は俊成の子・藤原定家《ていか》が憧れを隠さなかったほど、非常に魅力的な人間なんですね。

願はくは花の下にて春死なん　その如月《きさらぎ》の望月《もちづき》のころ

辞世の歌とも言われ、その願い通り旧暦二月一六日、新暦だと三月二三日、まさに桜の季節に亡くなったと言われています。釈迦の命日、旧暦の二月一五日の翌日です。

聖でもなく、俗でもなく、自由にさまざまな世間とつき合い、歌と戯れたい。そして自分の死にたいかたち、きれいな月を見ながら桜の花の下で死んでいきたい。西行はその通りに生き、そしてこの世を去っているわけです。

こんなにも自由に、死ぬまで遊び続けることのできた人生は、誰にとっても理想ではないでしょうか。西行は林住期的生き方の日本モデル、いや、世界モデルにもなり得る人間だと思います。

親鸞、芭蕉、良寛の林住期的生き方に人生後半の生き方のヒントがある

二人目は親鸞（一一七三〜一二六二年）。あまたいる宗教カリスマの中で「非僧非俗」を説いたのは親鸞だけなんです。彼も旅に生き、遍歴のうちに九〇年の生涯を終えました。見事に林住期的生き方を貫いた人間です。

晩年には有名な自著『教行信証《きょうぎょうしんしょう》』のような堅苦しい「論文」から離れ、自由気ままな「和讃《わさん》」、いわば「うた」作りに没頭しました。

「無慚無愧《むざんむき》のこの身にて　まことのこころはなけれども　弥陀《みだ》の回向《えこう》の御名《みな》なれば　功徳《くどく》は十方《じっぽう》にみちたまふ」

親鸞の「愚禿悲歎述懐和讃《ぐとくひたんじゅっかいわさん》」の中にある「うた」です。そもそも恥じるこころがない自分でも、阿弥陀如来のおかげで何とか生きていける。これが八〇代の時の心境ですから、まさに聖と俗の間である林住期を生き続けたわけです。

三人目は芭蕉《ばしょう》（一六四四～一六九四年）です。『おくのほそ道』をはじめとして、さまざまな旅に出て俳句を作り続けました。辞世の句と言われる「旅に病んで夢は枯野をかけめぐる」の通り、旅の中で人生を終えた俳人です。

実は、芭蕉は自らを「乞食《こつじき》の翁《おきな》」と呼び、生涯、乞食になる願望を持ち続けた旅人です。彼の乞食願望は、

薦《こも》を着て誰人います花の春

という有名な正月の句を見てもわかります。「正月の街角で見かけた粗末な薦をかぶった乞食は尊い聖《ひじり》かもしれない」という句ですが、これは自分も乞食の境涯でいいという気持ちの表れです。

「乞食の境涯」と言いましたが、日本語の乞食には「こつじき」と「こじき」、二つの読み方があります。前者は仏教用語で後者はそれが転じたもの。食を乞うという行為は同じなのですが、「こじき」と読めば一般的な俗な言葉になります。一方、「こつじき」だと聖者の生き方、いわば聖なる言葉になるわけです。

つまり、乞食という日本語は聖と俗が表裏一体なんですね。たとえば『今昔物語』など中世の物語の中には、そういう乞食の二面性をうかがわせるような話が少なくありません。乞食を「こつじき」と「こじき」と二つの読み方をしてきた日本の伝統には、深い意味があると思います。

乞食姿をした聖というのは、まさに西行のイメージです。芭蕉の旅姿はだいたい修行僧のような格好でした。それは憧れの先人、西行に倣ったものでしょう。

また、芭蕉の旅日記『野ざらし紀行』の中には「僧に似て塵《ちり》あり、俗に似て髪なし」と自身の姿について述べた言葉が出てきます。つまり、彼は「自分は非僧非俗である」と自覚して生きたわけです。こうした意味でも芭蕉の生き方は林住期的です。

そして最後、四人目が良寛《りょうかん》(一七五八〜一八三一年)。彼は歌人、書家であり曹洞宗の僧侶です。ただし良寛は、出家者の境涯を飛び出て自由自在に生きました。

茶席で、いったん口に含んだ茶を吐き出してその茶碗を隣の人に回した、せっかく取った鼻くそをまた鼻に戻したといった奇行、四〇歳年下の貞心尼《ていしんに》との恋など、良寛にまつわる逸話は非常に人間臭くて、全く聖者顔をしていません。まさに半僧半俗、非僧非俗という林住期的生き方をしたわけです。

形見とて　何残すらむ　春は花　夏ほととぎす　秋はもみぢ葉

良寛はこの辞世の句で、形見なんて何にもないよと宣言しました。曹洞宗の宗祖である道元が永平寺僧堂を誰に託すか、死ぬ間際まで悩んでいたのに比べて、実に軽やか、自由気ままです。こういう心境にも林住期的な成熟を見て取れます。

四人の人生は日本の林住期モデルとしてこれ以上のものはないでしょう。

ただし、仏教者たちが林住期的生き方をできたというのは、日本にやってきた仏教が日本的なかたちに変質したことを表しています。日本の仏教と中国あるいはインドの仏教とは構造的に違うところがある。日本で今言った半僧半俗、非僧非俗という在り方が広く恋慕されてきたのもそのためです。

たとえば、芭蕉の人生には親鸞の生き方をそっくりそのまま真似《まね》しているところもあります。彼は西行だけでなく、史料類には出てこないけれども、おそらく親鸞の書物を読んでいて影響を受けたのだと思う。同じことは良寛の人生を見ても言えるわけです。

要するに、日本には仏教を介して林住期的生き方、インド的四住期の人生観を開花させた文化があるということです。

繰り返し言っているように、老病死が近づく中で人間はどう生きたらよいかという問題に対する具体的な答えは釈迦の教え、言葉にはありません。しかし、日本には西行、親鸞、芭蕉、良寛のように仏教を学び、人生の後半の生き方のヒントを残した人たちがいるし、そのヒントになる文化があるわけです。

こうした日本文化の観点から釈迦の人生、教え、言葉を見ることで、ようやく納得できるようになるのではないでしょうか。

老人こそ、心身ともに重荷を捨て、身軽を目指す

人間は年老いてやがて死ぬ——。

先に仏教の基本原則「無常」の中身の一つとして紹介しましたが、これは避けようがないことです。つまり、老いも死もあきらめる以外ありません。

ただし「あきらめる」という言葉には二重の意味があります。普通は「望みを捨てる」という意味で使われますが、もう一つ「本質を明らかにする、見極め

る」という意味があります。

だから問題は、死に向かってどういう気持ちで、どういう覚悟で生きるかということなんですね。つまり、老いていく自分の姿をどのように考えるかというのが本当の問題になるわけです。

老いることは成熟することでもあります。何が成熟するのか。死に近づく過程でいろいろな欲望を捨てざるを得ません。それでも生きている限り、誰もがよりよい生き方を模索するわけです。その模索の中に出てくる「考え方」が成熟するんです。これはある意味、「祈り」に通じる境地でもあります。

私は老いとともに、青年、壮年、人生の盛りの時期にいろいろなものを荷物として背負って生きてきたことをすごく実感するようになりました。このままでは西行、親鸞、芭蕉、良寛のような林住期的生き方はできない。自由気ままで、身軽な晩年は送れないと。

私にとって最も重い荷物は職業柄、手元にある大量の本でした。哲学、宗教、批評、文学、全集等々、蔵書の重圧にひしがれて、ひいひいふうふう言いながら生きている自分の姿が見えてきたのです。

だから五〇代ぐらいから職を変わるごとに、居住地を変えるごとに、いろいろなかたちで本を処分していました。しかし、処分しても処分してもまた溜《た》まってしまう。

ついに日文研（国際日本文化研究センター）を辞める時、一切の本を外国の大学に寄付することに決め、どんどん手放していきました。私自身のためであり、家族のためでもあります。

それから十数年、最後まで手元に残していたのが、『親鸞全集』『柳田國男全集』『宮沢賢治全集』です。この三つはなかなか手放すことができず、死ぬまで手元に置いておこうかとも思いました。

けれども二〇二一年、最後の三つを手放しました。特に『親鸞全集』を手放す時は身を切られるよりもつらかった。ただ同時に、今まで経験したことがない解放感も味わいました。それは老いの季節の中で得る一時の喜びでした。

これまで『親鸞全集』から学んだこと、体に染み込んだものは私の中に残っています。だからモノとしての『親鸞全集』は必要ない。そう考えることができるようになって、きれいさっぱりあきらめることができたわけです。

こういう考え方が出てきたのは、私にとっての成熟です。

そして九〇代になった今、その自分の中に残っている親鸞の思想、親鸞に対する信仰までも重い荷物と捉えている自分がいます。親鸞は私にとってずっと教師でした。その教師の思想、教えを、不思議なことにだんだん重荷と感じるようになってきたわけです。

『親鸞全集』という本を処分しても重い荷物を手放したことにはなれない。思想、信仰、意識、そういう目に見えないものまで振り捨てないと本当に身軽にはなれないと。

要するに老人の成熟は「自由の境涯」に向かうのです。もう間もなく私は最期の時を迎えるでしょう。その時、私は物心ともにどれほど身軽で、自由であるのか。楽しみと言えば楽しみ、心配と言えば心配です。

「無」に対して不思議な共感を覚える日本人

人生の後半はいろいろな重荷を手放して、なるべく身軽になることが大事なんですね。私が尊敬する日本の先覚者四人、西行、親鸞、芭蕉、良寛の人生模様を見ると、結局は身軽で自由な世界に達しています。

西行は歌以外、何も残していません。先ほど紹介した通り、半僧半俗という自由で身軽な世界を生きました。

親鸞は『教行信証』という重い図書を残していますが、あれはいわば博士論文です。彼は「承元《じょうげん》の法難」で師の法然とともに罪を着せられ、流浪の旅に出て師のもとを離れた頃から「うた」によって布教するようになります。

最晩年になると、さらに自由になって「自然法爾《じねんほうに》」、ありのままの姿になろうということをより率直に「語り」で説きました。親鸞はこうした変化を通じて非僧非俗という自由、身軽の境涯を貫いたわけです。

芭蕉も良寛も半僧半俗、非僧非俗を自認していました。

つまり、四人とも同じように聖と俗を自由に行き来しながら、何も残さず、極めて軽やかに人生を終えたわけです。

繰り返しになりますが、これが日本における林住期的生き方のモデルなのです。

林住期的生き方がどれほど人間を自由にするか、身軽にするか。それは、いわば遊戯三昧《ゆげざんまい》の世界への誘いです。

林住期的生き方の基礎にあるものは「無」なんですね。つまり無心、無私、無我。無に対して不思議な共感を覚えるのが日本文化の特徴です。たとえば、キリスト教徒の内村鑑三は無教会主義を唱えたし、小林秀雄にも『無私の精神』（文藝春秋、1967年）という本がある。無に対する不思議な関心、深い理解があります。

ヨーロッパ人は無をなかなか理解できません。たとえば、仏教でよく言う無我を何と英訳するかというところから始まって難しいわけです（「selfless」などと訳されますが、ピンときません)。

一方で、無我ほど今日の日本人に似合わない言葉はないとも感じます。今は結構エゴイストが多くて、自己を捨てるなんてなかなかできないでしょう。

だからこそ、みなさんの人生の後半に林住期的生き方を取り入れてほしいのです。それは確実に人生一〇〇年時代を楽にしてくれるはずです。

三章

病を得て成熟する

還暦――現代社会の疲れと迷いの象徴

生老病死のうち「病」についても考察してみましょう。深刻な病気にもつながりかねない今日的な現象として、心身両面での「疲労の蓄積」という問題があると思います。

たとえば、団塊の世代あたりから「還暦」という言葉をよく言うようになりました。「古希」はあまり言いません。六〇歳まで働いてきて、すぐ目の前に定年が来ているから、人生の節目として特に意識するところがあるのでしょう。

ただ私には、彼らの言う還暦が「あー、疲れた」と聞こえます。そこにあるのは、ようやく人生のひと区切りを迎えた安堵《あんど》感ではなくて疲労感です。

人生の前半で蓄積した心身の疲れ。それを自覚しながら、定年を目の前にして「第二の人生をどう生きたらいいのか」と迷い、悩みます。つまり、今日の還暦という言葉は、疲れと迷いの象徴なんですね。

私の場合、還暦なんてあっという間に過ぎていきました。節目という意識は全くなくて、六〇代はとにかく夢中で生きていました。

それは新幹線のぞみ号に乗っているようなものです。車窓から悠長に風景を眺める時間はなかった。六〇年の人生を述懐したり第二の人生を選択したり、そんなことを考えている余裕がなかったからです。

もちろん、疲れ切って余裕がなかったのではありません。夢中になって仕事に突っ走っていたからです。当時は疲労なんて感じなかったし、還暦なんて古臭い言葉を使ったこともないんですね。

古希もそれは全く変わらなかった。七〇代も仕事に夢中、疲れ知らずで生きていました。

なぜ私は疲労感なく、六〇代、七〇代と仕事に夢中でいられたのか。

研究者が円熟するのは六〇代なんですね。でも大学にいると、その前の大事な五〇代に一番雑用を命じられます。特に「上司に仕える」という全く無駄な時間が増えます。これが精神的にも非常に苦しい。だから多くの研究者は円熟期を迎える前に疲れ切ってしまうわけです。

私は若い頃から雑用、とりわけ上司に仕えることが大嫌いでした。それを避けるために職場をいろいろと変えたくらいです。そのおかげでずっと自分の研究に没頭できたし、六〇代、七〇代も疲労感なく勉強を続けることができたと思っています。

私のようなケースはかなり恵まれていると思います。やはり今日の日本は、大半の人たちが疲れ切って人生の後半を迎える時代なのです。

たとえば、デジタル化で仕事や生活が楽になっているかというとそうじゃない。むしろ余計に忙《せわ》しなくなっている印象です。七〇歳定年が当たり前になったら、疲労の蓄積の問題はさらに深刻化するでしょう。

要するに、人生の後半には、深い疲労感をどうリフレッシュするかというテーマもあるわけです。その意味でも、林住期的生き方は参考になると思います。

七〇歳を過ぎてから、心身の力を維持する三原則

六〇代、七〇代と夢中で突っ走ってきたと言いましたが、その一方で、私は七〇歳近くまで何度も病気を繰り返してきました。

若い頃から胃腸が弱くて、手術をしたり入院治療をしたりの連続でした。ただ大病しても、死ぬ気は一つもしませんでした。

日常的に相当の痛みがありましたが、不思議なことに自分の死を全く意識しなかった。きっとそれを上回るくらい自分の生命力を体感できていたからでしょう。死に対する恐怖感もそれほどありませんでした。

ただ、改めて死ぬ覚悟はあるか、死ぬのが怖くないかと問われると、その時は怖くなかったというだけなんですね。

病気を克服して七〇代に入ると、かえって死が近くなってきたという意識が強くなりました。それは当然でしょう、年を重ねているわけですから。

そこで七〇歳を過ぎてから、心身の生命力を維持していくために自分に三つの原則を課すことにしました。

- 飲み過ぎない
- 食べ過ぎない
- 人に会い過ぎない

という、日常生活における三原則です。

胃腸が弱いので「飲み過ぎない」「食べ過ぎない」は当たり前のこと。「人に会い過ぎない」はいわばストレス軽減策です。

それでも毎日、二合くらい酒を飲んでいました。胃腸の調子がいい時には飲み過ぎるし食べ過ぎるし、ふっと人に会いたくなって会ってしまうこともあった。度々、三原則を破っていましたが、頭の上にはちゃんと載せていて、何とかしのいでいたわけです。

七〇代にも急性膵炎《すいえん》になりましたが、入院治療で切り抜けられました。だから七〇代には、病気になっても何とかなるという体験的な自信みたいなもの、まだ死には至らないだろうという一種の楽観主義がありました。

八〇代で経験した二つの大病

ところが八〇代、九〇代になると、七〇代とは全く違います。

七七歳の喜寿も七〇歳の古希と同じように何の感慨もありませんでした。しかし、八八歳の米寿、九〇歳の卒寿のお祝いを親しい仲間たちがしてくれた時、それまでに感じたことがない、ゆったりした気持ちになったわけです。

また、私は年を取って衰えてくるにしたがって、一年がどんどん早く過ぎて行くと感じるようになりました。これは七〇代からずっと変わりません。ただ九〇歳前後になったら、一日一日がゆっくり目の前に流れていくという、それと矛盾した感覚が出てきたんですね。

こうした七〇代と八〇代・九〇代の違いは、八〇歳を超えてから何を経験したかということと非常に深いかかわりがあると思っています。

私は八〇代で、二つの大病をしました。

一つは八六歳の時の脳梗塞。原因は心臓の不整脈で、幸い脳梗塞は軽かったけれども、心臓の血管のほうは全ての仕事はここで終わりだなと思うぐらい危ない状態になっていました。

薬でしのぐか手術で完治させるか。不整脈の手術は全身麻酔で太ももの血管からカテーテルを五本入れて心臓の血管にできた血栓を焼き切るというもの。医者は「この手術に耐えられるのは八五歳がぎりぎりの線だが、今の山折さんの体力なら大丈夫」と太鼓判を押してくれた。だから手術してもらったんですね。

ただ手術前に、成功率や後遺症などについて、この場合は何パーセント、この場合は何パーセントと説明されて、そのうえで承諾書にサインをしなければならなかった。これには「死ぬかもしれないよ」と言われている感じがして、さすがに気が滅入《めい》りました。

決して安全な手術ではなかったけれども、カテーテル手術の技術が世界的に進んでいたことも幸いして、無事に成功したわけです。

病が新しい感覚を連れてくる

もう一つは八八歳の時、肺炎の重症化で約一カ月の入院治療を経験しました。ちょうど新型コロナが流行し始めた頃です。コロナを疑われましたが、ＰＣＲ検査をしたらそうではなかった。原因は持病の逆流性食道炎による誤嚥《ごえん》でした。レントゲンを見たら右肺が全部真っ白。水と膿《うみ》が溜まっていた。治療は水を抜くことから始まって、後はひたすら抗生物質の投与でした。なかなか膿が消えなくて、とにかく呼吸が苦しかった。入院中、いよいよ生きるか死ぬか、本当にそう思いました。

主治医からは「もしもの時に延命治療をなさいますか」とも聞かれました。最期は食のコントロールによって自然死をしたい。これがかねてからの私の望みです。若い頃から胃袋を切ったりして何度も絶食療法をしているので、そういうかたちで断食をしてすーっと自然に死を迎えるのが一番だと。

この自分の自然死の原則を説明して、「延命治療は辞退いたします、家内も賛成しています」と答えました。そして「最後の最後、すーっと自然に息絶えることができず、苦痛が起こっている場合には、緩和医療で背中を押してください」

とお願いしました。つまり、最期は苦痛をなくすモルヒネを点滴してほしいと。

これを安楽死と呼ぶか緩和医療と呼ぶか。私自身は、食のコントロールに基づく自然死の方法と現代医療の最先端の技術をもってする緩和医療を組み合わせる、いわば第三の医療をもって最期を迎えたいと伝えたつもりでした。

実際、最後の最後、モルヒネを使う緩和医療で、苦しんでいる患者を鎮静状態にしておいて看取っている医療現場もあるわけです。しかし、私の主治医は「日本の現代医療の立場では、それはできません」と。

モルヒネを使う緩和医療は、到底助けることができない末期がんのような場合に限る。その場合にも医者、家族、ソーシャルワーカーなど関係者が十分に話し合って、その合意のもとであれば可能な方法であって、私が言うような自然死は現代医療では不可能である。そんな説明をしてくれました。

その時に主治医からは「手術という選択もある」という説明もありました。八九歳になる直前でしたから手術はお断りしました。一瞬、手術に傾きかけたのですが、このまま死んでもいいと思ったんですね。

危ういところでしたが、運よく一〇日ほど経ってから抗生物質の効果が出始めて、呼吸困難が軽くなってきて、約一カ月で退院できる状態になりました。何かと融通が利かない現代医療ですが、命を救ってくれた主治医には本当に感謝しています。

私は八〇代で脳梗塞、不整脈、肺炎の重症化と心肺停止の寸前の状況を体験し、それを切り抜けたおかげで九〇代の今、死が近づくほどに一年は早く流れ、一日一日がゆっくり流れていくという不思議な時間の感覚を味わっています。

人生の後半、ずっと林住期的生き方をしていても、決して同じように続くわけではありません。六〇代、七〇代、八〇代、九〇代とそれぞれ異なる感覚が出てきます。特に重い病気を体験するとなおさら違ってきます。

何も時間の感覚だけに限りません。その変化を衰えと呼ぶか成熟と呼ぶか。私はやはり成熟と呼びたいんですね。

五〇代でがん死した三人の友の顔に表れた成熟

今日において五〇代は人生の前半、後半のちょうど境目と言えるでしょう。

私は五〇代の時、三人の親友を次々とがんで亡くしました。三人とも働き盛りですから、入院の間際まで精力的に活動をしていたし、その表情も非常にエネルギッシュでした。しかし、入院して三カ月前後で三人とも亡くなった。

それぞれ亡くなる直前にお見舞いに行きました。三人ともエネルギッシュな顔はやせ細り、非常に穏やかな表情になっていました。それはまさしく「翁《おきな》」の表情でした。

死を目前にした人間は、こんなにも穏やかな表情になるのかと驚きました。三人ともがんになって、自分には想像もできないような苦しみの中にあっただろう。にもかかわらず、最期には穏やかな翁の顔になったわけです。

その少し前、田中角栄元首相が脳梗塞で倒れ、数カ月後に療養中の写真が初めて報道されたのですが、角さんの顔は以前とは打って変わって、いわば無表情になっていました。新聞紙上で、ある医師はその表情を「ブッダフェイス」と呼んでいました。

私は西洋医学の脳梗塞の症状の診断にそういう表現があるというのを初めて知って、怒りを覚えました。「無表情だからブッダとは、仏教徒に対する差別じゃないか」と。

しかし、親友三人の死ぬ間際の翁の顔を見て、考えを改めました。病の中で苦しみ抜いた後の人間の顔を釈迦に例えるのも無理のないことだと。

私の三人の親友も病を得て、元気な時のエネルギッシュな表情からは想像できないような穏やかな表情になりました。きっと角さんも同じだったんですね。

そこには精神の変化、つまり、私が八〇代で経験したような心の成熟があったのではないでしょうか。

がんや脳梗塞のように、過酷な症状を経験したり余命を告知されたりした人間は、精神の戦い、あきらめの体験を通して、しだいに心の成熟を手にするようになる。その結果として表情が非常に穏やかなものになる。こういう解釈もできるわけです。

ちなみに、私は角さんの顔を「ブッダフェイス」とコメントしていた医師に即刻、抗議の電話を入れました。「ブッダは仏教徒にとって、アジアの人間にとって理想的なお姿だ。それを脳梗塞の症状の診断名に使うなんて、仏教に対する正当な理解、評価の仕方じゃない。差別じゃないか」と。

医師の答えはこんなふうでした。「これまで西洋医学では、脳梗塞などの病気の回復期にある患者がしばしば見せる表情をブッダフェイスという名称で表現してきた。ただし最近では、もうブッダフェイスとは言わないし、医学の教科書でも使っていないはずだ。コメントについては反省している」と。

あまり釈然とはしなかったけれども、反省しているということだからそれ以上追及せず、電話を切りました。

その後、親友三人の死ぬ間際の翁の顔を見て、そういう電話をかけた自分を反省したんですね。

「翁」が表す成熟した老いの姿

実は、今言った「翁」という概念は老いの姿、あるいは日本人の死生観を考えるうえで非常に重要なキーワードです。詳しく説明していきましょう。

翁とは一種の老人崇拝の思想ですが、世界のさまざまな文化圏の中で日本にしかないものだと思います。

たとえば、日本の昔話や芸能には翁が非常に重要なキーパーソンとして出てきます。代表的なのは世阿弥《ぜあみ》（室町時代初期の猿楽師）の能で、成熟した人間の姿、あるいは神の化身として翁が登場します。

老いを成熟という肯定的な意味合いで捉える考え方も世界にそれほどないと思います。

たとえば西洋では、老人に対して成熟という言葉はあまり使わない。むしろ老人は救済されなければならない、あるいは老いをできるだけ避けたいと、否定的に捉えるのが西洋の考え方なんですね。老人を救済すべきものと考える福祉思想、老いを克服すべきものと考えるアンチエイジング（抗加齢）はその典型でしょう。

こうした日本と西洋の老いに対する考え方の違いが、死に対する考え方の違いに結び付いているわけです。

日本の翁が象徴するのは、だんだん木が枯れるように枯れていって、すーっと自然にこの世を去っていくという老いと死です。それを成熟という非常に重要なプロセスとして捉えているわけです。

年を取って成熟した人間を神の化身と捉える考え方は世阿弥のはるか以前、既に『古事記』や『日本書紀』の神話に出てきます。天上、高天原《たかまがはら》にいた天津神《あまつかみ》の邇邇芸命《ににぎのみこと》が天照大神《あまてらすおおみかみ》の命令によって地上に降りてくる天孫降臨以降、地上で天津神をお迎えする国津神《くにつかみ》が登場します。その地上の神々のほとんどが翁の姿と記されています。

代表的な日本の古い神社の縁起書を読んでも、神さまがこの世に姿を現す時は必ず翁の姿をしています。八幡神《はちまんじん》もお稲荷《いなり》さんも地上で人の前に出る時は翁の姿です。つまり、翁は神の化身なんです。

また、六世紀半ばに日本に仏教が入ってきて、七世紀、八世紀に法隆寺や東大寺といった巨刹《きょさつ》が建てられます。そこに祀《まつ》られる仏像は力のみなぎった若々しい姿、青春の姿です。

その頃、日本の神々はまだ神像の形になっていません。山に隠れ、森のかなたに静まっていて、なかなか姿を見せないものと考えられていたからです。

しかし、中国から仏教が伝えられ、壮大なお寺が建てられ、豪華絢爛《けんらん》な仏具が飾られ、立派な仏像が作られると、神道側が危機感を持ち始めました。神道の側には神の存在を示すものとして古来、鏡や剣といった神器はありましたが、もっと直接的に示す神像を作ろうとなった。それで奈良時代から平安時代にかけて、仏像に倣《なら》って神像が作られるようになります。

だんだん時代が下るにつれて、若々しい神像も作られるようになりますが、最初期の神像はほとんど翁の姿、あるいは壮年以上の姿です。おひげを蓄え、顔にしわが寄り、森厳《しんげん》な面持ちをしている。

つまり、仏像の影響で翁の神像が出てきたことも、翁崇拝が高まっていく大きな要因になったのです。

こういう流れの中で、宮中などで行われる芸能、あるいは民間の村祭りで行われる芸能においても必ず翁面《おきなめん》が出てくるようになります。そのいわば最高到達点が「神面《しんめん》」と言われる世阿弥の能に出てくる翁面というわけです。

もちろん、今日でも各地の神社の祭礼などで翁舞《おきなまい》が奉納されています。正月や祝賀時に行われる能の演目「翁」も、今なお別格の神聖な舞として上演されています。

翁は性別を超えた存在

一般的には、翁は男性が年を取って成熟した姿と言われています。私の考えはそうではありません。人間は成熟することによってジェンダー（性差）を超える。すなわち翁は男であり女であって、中性的な「ダブルジェンダー」とでも呼ぶべき存在である。これが私の捉え方です。

翁面は見ようによっては男性的にも見えるし、女性的にも見えます。それは男性の成熟した姿であると同時に女性の成熟した姿であって、性を超えているわけです。

昔、随筆家の白洲正子さんと対談した時、彼女が悲しそうな顔をして「年を取る過程で、男性には翁になるルートがある。でも女性にはそのルートがない。女性がなるのは般若《はんにゃ》か山姥《やまんば》だ」と、悔しそうに話していました。

その時は笑い話で終わって、正子さんは程なく亡くなりました。私が、翁はジェンダーを超えているという捉え方に気づいたのはその後です。だから冥土に行って白洲さんにお会いしたらそう言ってあげようと思っています。

一方で、近代になって日本に西洋の福祉思想が入ってきます。近代的な福祉思想は戦後、特にイギリスの労働党の「揺りかごから墓場まで」という重要な政策でした。つまり、老人は墓場に近い人間で、赤ん坊と同じく弱者として公的に面倒を見るべき対象であるという考え方です。

そういう思想が日本に広がってきて、今日では老人は救済される対象であると、日本古来の老人崇拝から転換してしまったように見えます。老人とは弱き者である。敗者であり、差別、排除される者であると。

しかし、日本の伝統的な老人に対する考え方は、先ほど言ったように全くそうではない。老人は翁という崇拝の対象なんですね。世阿弥流に言えば、あくまでも人生のシテ（主役）です。決してワキ（シテの相手役）ではありません。そういう感性は『古事記』の時代から戦後に至るまでずっと続いていると思います。

「死なない神」と「死ぬ神」の二つの存在が日本にもたらしたもの

　インドにも日本の翁崇拝のようなかたちはありません。インドの聖者、たとえば釈迦やガンディーですが、彼らは私に言わせれば、明らかに晩年、翁として生きたわけです。けれどもインドの研究者は聖者について、老人という面に注目して議論をすることはありません。インドの場合、イギリスの植民地だったということも影響していると思います。

　中国には不老不死、仙人、隠者の思想があります。翁の思想に近いとは思いますが、老いない、死なないというのは死を排除した考え方です。死を前提に、そこに至る老いのプロセスを成熟と捉える日本の翁の思想とは決して重ならないわけです。

なぜ日本には不老不死の思想がないのか。日本神話で語られている神々に「死なない神」と「死ぬ神」という二つの神があることと、それは密接に関係していると思います。

死ぬことのない永遠性を担保している神々は高天原の天津神です。一方で天孫降臨以降、地上に天下った神々である国津神は全員死んで陵《みささぎ》に葬られています。死なない天津神と死ぬ国津神という二つの神々が存在することは極めて重要で、日本人の死生観と非常に深くかかわるテーマなんですね。

私は国際学会に招かれる度に、こうした日本の翁の思想、あるいは日本人の死生観をよく紹介してきました。そうすると、日本研究をしている外国人たちは、自分の国にはそういう考え方がないと認めたうえで、非常に共感してくれました。

ちなみに、バチカンのシスティーナ礼拝堂の天井に描かれたミケランジェロの「天地創造」には、神の姿が老人の姿で描かれ、その指先に誕生したばかりのアダムが描かれています。しかしこれも日本のような翁の思想を表すものではありません。

老人は神に一番、近づいた存在

翁は神の化身と言いました。なぜ老人が神の化身になり得るか。日本人は古来、人は死んだら山に登って神さまになる、海の彼方に行って神さまになると考えてきました。

たとえば、日本の仏教の中にはお浄土は山の中にあるという山中浄土観がありますが、それはこの伝統に列するものと言えます。死んだ人の魂は山に登る。それが供養を受けると、やがて氏神になる、山の神になる。いわゆる山岳信仰です。

要するに日本では、伝統的に神は人間がなるものなんですね。翁は人が年を取った姿だから、人と同じように神さまも無数に存在するわけです。これが日本の宗教的土壌です。

さて、人の一生の中で一番死に近い、つまり神に近いライフステージはどこか。それは老人の段階です。年を取り、老いていくことはそれだけ神に近づいている。老人であればあるほど神への最短距離にある。これが日本の翁崇拝の基本です。

また日本では、江戸時代から「隠居」という老人の生き方、ライフステージが庶民の間にも広がっています。ご隠居さんは世俗的な体験を積み重ねていて、いろいろな知恵を蓄えている。だからとてもありがたいと。そういう感性が日本人には染み込んでいるのです。

その感性を積極的に笑いに変えるのが江戸時代に生まれた落語です。必ず熊さん、八っつぁん、ご隠居さんが出てきます。ご隠居さんは熊さん、八っつぁんに教えを説いたり、長屋の紛争を鎮めたりする。実際、江戸の町内でそういう役割を果たしていたわけです。

こうした日本人の老人観、あるいは死生観は必ずや林住期的生き方を積極的に受け入れる土台になるでしょう。

それは要するに、人間は成熟するものだ、成熟するためには病も必要だし、老いることも必要だという考え方です。

ちなみに現存最古と言われる神像が京都の松尾大社に祀られています。京都の四条通をずっと西へ、桂川を渡ったところにある松尾大社は飛鳥時代に建てられた由緒のあるお社です。ここに御神像が二一体、男の神さまの像と女の神さまの像が伝えられています。

代表的なお姿は、お顔は老人、白い髭をすーっと垂らしていて、古代中国の幞《ぼく》頭《とう》風の冠を被《かぶ》り、笏《しゃく》を持っています。いかにも神さまの姿を刻み出したという印象です。

非常に興味深いことに、松尾大社の御神像の下半身は仏像の坐り方、結跏趺坐《けっかふざ》をしています。上半身の老人の姿は全く仏教のあずかり知らないスタイルですが、下半身は仏教の仏像の坐り方そのものです。

先ほど述べたように、奈良時代から平安時代にかけて「神仏習合」という現象が起こって、目に見えない神々を目に見える姿に翻訳し始めました。その当時の日本人の発想が、上半身は老人、下半身は仏というスタイルだったわけです。明らかに神道側が仏教の強力な特性を受け入れて神道自身の自己革新を図ったことが見て取れます。

ここまで避けては通れない病と老いについて見てきました。

病は多くの人にとっては不本意なものでしょうが、林住期を生きていくうえで、ある種の変化、成熟をもたらしてくれます。そして、そのバックボーンには、日本的な「翁」の思想の系譜があります。神に近づいた存在として、病や老いに抗《あらが》うだけでなく、成熟しながら枯れるように死んでいく。

仏教的な無常観、仏教と表裏をなす四住期、中でも林住期の生き方と日本的翁の伝統が交わるところに、人生一〇〇年時代を迎えている私たちの「老病死」との向き合い方への大きなヒントがあるように思います。

四章
ブッダの死と断食往生

死を悟った釈迦が目指した地

最後に、釈迦の最晩年の生き方を具体的に参照しつつ、私自身の体験と重ね合わせながら、特に「死」に関する考察を深めていきたいと思います。

最近の私の日常において、死がだんだん迫ってきているという実感がしだいに大きな比重を占めるようになっています。その変化には先ほど述べたように、肺炎の重症化で死の手前まで行った体験が大きく影響しています。

この心境によって、釈迦の最晩年の旅の描写、そしてニルヴァーナ（涅槃、入滅）の場面がより深く理解できるようになりました。

釈迦の最晩年の様子を詳しく伝えるのが『大パリニッバーナ経（大般涅槃《だいはつねはん》経《ぎょう》）』という仏典です。少し長くなりますが、まずその主な部分を引きながら私の解釈をいくつか述べておきましょう。

八〇歳になった釈迦は、中インド・ガンジス川流域の王舎城（ラージャグリハ）を発ってパータリ村に出ました。現在のパトナです。そこから支流のガンダキ川をさかのぼってマッラ国のクシナガラに滞在しました。そこがやがて終焉《しゅうえん》の地、大往生の地となります（19ページ地図参照）。

王舎城からクシナガラまでは約二四〇キロあります。そのクシナガラからさらにガンダキ川沿いに北方を望むと、そのはるか彼方《かなた》に、釈迦の生誕の地ルンビニが見えてくるはずです。

ガンダキ川沿いのルートはその誕生の地への道でした。釈迦は八〇歳を迎え、ようやく自分の死期を悟った時、自分の故郷を訪れようと思ったのではないでしょうか。

若き日の釈迦は、家を出て修行と伝道の旅を始めた時、まずそのガンダキ川で沐浴をし、その流れに沿ってひたすら南下を続けたはずです。もしもそうだとすると、ガンダキ川は釈迦にとって象徴的な意味を持っていたに違いありません。それは、たとえばイエス・キリストにとってのヨルダン川と同じものです。イエスはヨルダン川で、ヨハネによる洗礼を受けています。

「私は三カ月後にニルヴァーナに入るだろう」

最晩年の釈迦が弟子たちと旅を続けて、ヴァイシャリーという町に入った時でした。「私は三カ月後にニルヴァーナに入るだろう」と予告します。つまり、三カ月後に自分の寿命は尽きるであろうと。

そのヴァイシャリーに入る直前、釈迦はベールルヴァという村に滞在していました。この時はちょうど雨期にあたり、籠《こも》りの生活である「雨安居《うあんご》」に入っていたのですが、そこで死ぬほどの激痛に襲われて、病床に伏しています。

やがてその病苦は鎮まり、ヴァイシャリーへと移動しました。しかし釈迦は、もはや体力の衰えが回復しないであろうことを予感していました。それ以前から弟子のアーナンダには自分の死期が近いことを何度もほのめかしていました。しかしアーナンダはそれに全く気づかなかったのです。

そしてついに自分に近づいてきた「悪魔」に向かって、三カ月を経たのちニルヴァーナに入る決意であることを告げます。

これは悪魔による死への誘惑ですが、それほど釈迦の体は深刻な状態に陥っていたということでしょう。その意味では、自分の死期を正確に見通し、ひそかに心の準備を整えようとしていたわけです。

そんな中、皮肉なことに釈迦は激しい食中毒にかかってしまいます。ヴァイシャリーで自分の命の尽きることを自覚し、その後おもむいたパーヴァーで、鍛冶《かじ》工《こう》の子・チュンダの家のキノコ料理を食べたからでした。釈迦を手厚くもてなそうとしたチュンダの厚意が仇《あだ》になったのです。

釈迦が食中毒で苦しんでいる。弟子のアーナンダは小川に走り、澄んだ水を汲《く》んできて、師に飲ませている――そんな光景が浮かび上がってきます。

釈迦はヴァイシャリーで、自分の命の尽きることを既に自覚していました。そして次におもむいたパーヴァーで、毒キノコにあたって苦しみました。その後、終焉の地クシナガラにたどり着いたのです。

死の直前の釈迦の瞑想から、人間的息遣いが聞こえてくる

クシナガラは大都会ゴーラクプルの東方五六キロのところにあります。釈迦はこれまでと同様、死の直前までその地域の人々に教えを説き、修行僧たちに語りかけ、最期の時を迎えました。

その時、釈迦は深い瞑想、いわゆる禅定《ぜんじょう》に入っていきます。初禅、第二禅、第三禅、第四禅へと、禅定のステージを深めていきました。

釈迦は禅定がしだいに深まっていって、最後の第四禅、穏やかな究極の深まり

をみせてこの世を去る。それを入滅の作法と考えていたわけです。

ところが不思議なことが起こります。釈迦は禅定を深めてそのまま入滅するのではなく、反転するかのように、再びその瞑想のステージを逆戻りし始めたのです。

すなわち最後の入滅直前の第四禅の段階から、第三禅、第二禅へとたどって、初禅のステージまで戻ります。これはニルヴァーナに近い意識から現実感覚に近い意識まで瞑想の度合いが逆行していったと言っていいでしょう。それで再び瞑想を深めました。初禅から始めて第四禅へと進み、そこからただちにニルヴァーナに入りました。つまり釈迦は、最期の時に禅定を段階的に一往復して入滅したということになります。

釈迦の入滅の瞬間、大地震が起こって雷鳴がとどろき、恐怖する人々の身の毛が逆立ったと『大パリニッバーナ経』には記されています。

それにしても釈迦はなぜ、その最後の瞑想の中で、初禅から瞑想をしだいに深めていって、そのまま入滅しなかったのでしょうか。いったいどうして瞑想のステージをもう一度逆戻りしたのでしょうか。私はこの記述の中に、いろいろな重要な意味が隠されていると思います。

たとえば一つは、瞑想の深浅の間を行ったり来たりしたのは釈迦の内面を表しているということです。意識が死の世界に限りなく近づいているからこそ、ふと現実に引き戻される。おそらく人間は誰でも、死の間際にそういう一瞬が裂け目のように眼前に蘇るのでしょう。

もう一つは、それが意識における夢とうつつの交代を象徴しているということです。夢や幻は何ほどか現実の意識を反映しています。つまり、現実が瞑想のある区切り目の中に突如として姿を現すことがあっても何の不思議もありません。要するに釈迦の順逆の瞑想は、誰の死の間際にも起こる死と生の間を揺れる意識の往還を表しているとも言えるわけです。

このように釈迦の最期の場面を解釈すると、彼の人間的な息遣いが聞こえてくるんですね。

マザー・テレサとの面談で教わったこと

釈迦の最晩年の体験、たとえば、弟子のアーナンダに自分の死期が近いことを何度もほのめかしたが、アーナンダはそれに全く気づかなかったこと。悪魔に「三カ月後に死ぬ」と約束したこと。信者にもらった食事で食中毒になり、そのために死んでいったこと。最後の瞑想で深浅を往復したこと――こうしたことをどう理解するかは、「死」について考えることに他なりません。

もちろん私は、それを昔から考え続けてきました。その考えが九〇代になってより深まってきたわけです。

私が「死」について考える材料はいろいろあります。たとえば、今回のコロナ禍もそうですが、やはり何度も訪れたインドでの体験が大きな比重を占めています。

中でも、コルカタ（カルカッタ）にある高名な修道女マザー・テレサが運営する「死を待つ人々の家」、いわゆるホスピスを訪れた旅で、貴重な閃きを得ています。マザーは非常に多忙でしたが、「あなたのために五分だけ時間をあげましょう」と面談に応じてくれました。

私はこんなことを聞きました。「大変なお仕事をされているから、いろいろな困難があるでしょう。どうにもこうにもならないような状況になった時、どうなさいますか」と。

マザーはしばらく考えていらっしゃいました。そして、毅然《きぜん》として「私は祈ります、朝まで寝ずに祈り続けます」とお答えになりました。非常に感銘を受けましたね。

マザーとの面談後、ガンジス川中流域に位置するヒンドゥー教の聖地、広大な沐浴場があるベナレス（バーラーナシー）を訪れたこともあります（19ページ地図参照）。釈迦が初めて悟りの内容を旧友の五人の修行僧に語った鹿野苑（現在のサールナート）は、そこから一〇キロほど離れた郊外にあります。

ベナレスは古来、死者供養の聖地でもあって、今も川岸で火葬が行われるのですが、そのいわば順番待ちをする「死を待つ人の家」と呼ばれる施設がいくつもあります。

そこには全国から今にも死にそうな人々、その親族たちが鍋釜、それから布団まで用意してやってきます。それで最期の一週間くらいを一緒に寝泊まりして過ごすわけです。マザー・テレサの「死を待つ人々の家」と同じようなもので、要は死を迎える館なんですね。

その一つを知人の紹介で訪ねました。これから死を迎える人が部屋の真ん中に横たわっていました。もう何も食べることができない状態で、そばに親族の人が一人坐っていました。二人はほとんど言葉を交わさない、沈黙したままです。それで何日続くかわからないけれども、最期を看取ろうと、ずっと共に過ごしているわけです。

その様子に、私はマザーにおける祈りの時間と共通するものを感じました。どちらも「沈黙のセラピー」なんだなと。ヒンドゥー教徒が何百年も前から続けてきた沈黙の看取りという死の作法を、マザーはマザーのやり方で、宗派を超えて実践されていたのだと思いました。

感染症になりそうな温泉に浸かることで、釈迦の覚悟がわかった

ラージャグリハのヒンドゥー教の寺院の一角にある温泉も訪ねました。かつて釈迦も入ったとの伝承を持つ非常に古い男女混浴の温泉です。

見に行ったら、ひどい風土病、皮膚病にかかっている人たちが温泉施設の中に入っていくのがわかりました。案内してくれた現地のお坊さんが「せっかくだから入っていきなさいよ」と言ったけれども、さすがに少し尻込みしました。

当時、日本からインドに行く時にはコレラやマラリアなど感染症の予防接種を

三種類くらい受けて出かけていました。それもあって、危ない菌やウイルスに感染するかもしれないという恐怖感があったわけです。

それにガンジス川に行くと、大勢のヒンドゥー教徒たちが潜ってお祈りをしたり、死体を流したりしています。その脇でみんな糞尿を流したり、洗濯をしたり、そのまま飲んだりしています。そういういつ感染症になってもおかしくない状況は昔も今も変わりません。

釈迦が八〇歳の時に食中毒になったのも、おそらく何かに感染したのでしょう。釈迦も危ないなと思っていたかもしれません。しかし、せっかく信者が捧《ささ》げた食事だからと断らなかった。それは釈迦の優しさというだけでなく、林住期を経て遊行期を生きる聖者たちのモラルなんですね。

釈迦はあえて病気になることを覚悟して食事をいただいたと思います。ラージャグリハの温泉で、あるいはガンジス川の畔《ほとり》で、そういうことが見えてきました。

一瞬、尻込みしたものの、私はラージャグリハの温泉に入りました。入口に番人がいて、温泉に入る人をいちいち点検していて、日本流に手ぬぐいと石鹸《せっけん》を持って入ろうとしたら、「石鹸は置いていけ」と注意されました。せっかくの温泉なので垢《あか》を落とそうと思っていたのですが、ルールなら仕方ありません。

入口から石段を一〇段ぐらい下りると浴室で、三メートル四方ぐらいの湯舟がありました。既に男女のヒンドゥー教徒が数人、それぞれ適当な距離をおいて入っていて、頭だけ湯の上に出していました。女性はみんなサリーを一枚、身に着けています。

湯舟に恐る恐る手を差し入れると、適度な温かさで、いい湯のように思えました。早速、手ぬぐいを頭の上にのせて、そろりそろりと入りました。底は砂地になっていて、まっすぐ立つと、首がちょうど湯の上に出ました。そういう深さなんですね。

湯は澄んでいてとてもきれいで、足の下の砂も細かくて、実に気持ちいい。みんな身動き一つしないで、じーっと静かに入っています。潜ったり、手ぬぐいでごしごし体をこすったりする人間は一人もいません。不思議な感じでしたが、私もみんなに合わせてじっとしていました。

そのうちに一人、二人と何にもせずに上がっていく。みんな濡《ぬ》れた体を軽くぬぐって、浴室の一角にある小さい神像の彫刻に向かって手を合わせ、石段を上って去っていきます。

その時にわかりました。この温泉は体の垢を落とすところじゃない。心の垢を落とす温泉なんだと。だから石鹸で体を洗うことも許さない。ただ神に祈ってお湯に入り、神に祈ってお湯から出るだけです。

インドの神殿の入口には、必ず貯水池、池のようなものがあります。お参りをする時には、まずそこに手や足を浸したり、体に水を浴びたりしてから神殿に向かうわけです。それがインドのお参りの作法です。温泉も同じなんですね。温泉に浸かっている間、この中には感染症、風土病を患っている人がいるんだろうなと、頭の片隅にありました。けれども、神殿のお参りと同じように心が休まる感じを強く味わいました。

この感じはガンジス川における沐浴風景にも当てはまります。川の至るところに菌やウイルスがうようよしている。しかし、その中に潜って神に祈るし、そこで洗濯も排泄《はいせつ》もする。インドの人たちは、それに何ら矛盾、危険を感じることなく、昔も今も心を休めているわけです。

乞食としての生き方を全うした釈迦

古来、インドでは、林住期を生きる人間はさまざまな人々と出会い、その中で食事などを恵んでもらって生きています。つまり、食を乞うて命をつなぐ乞食《こつじき》の生き方をしているわけです。

釈迦は信者から恵んでもらった食事が原因で病気になり、八〇歳で亡くなりました。要するに釈迦もインド伝統の乞食の生き方を全うしたんですね。それを食べると死ぬかもしれない。しかし、これまで通りいただこう、受け止めようと。

乞食の生き方の伝統は、二章でも述べたように、日本の西行や芭蕉にも受け継がれています。

釈迦の食中毒の原因は毒キノコ、あるいは火の通っていない豚肉と言われていますが、自分の死を早めることを承知のうえでそれを食べたのでしょう。もうそろそろお別れをしようと決意して、人にわからないようなかたちで、その運命を引き受けたのだと思います。

先に述べた私の自然死願望は、この釈迦の最晩年の決意と、どこかで通じているのかもしれません。

死に近づいた九〇代で立てた、三つの生活の原則

ひどい食中毒となり、死期を悟った釈迦の心境はどのようなものだったのか。たとえば、生活態度に何か変化があったのでしょうか。

先に述べたように、私の場合、九〇代になって変化がありました。八〇代で二つの大病をした後、自分の老いの状況や現状の生活を改めて点検して、「食べ過ぎない」「飲み過ぎない」「人に会い過ぎない」という三つの原則に加えて、新たに次の三つの原則を自分に課すようにしたのです。

- 昼寝三昧
- 妄想三昧
- 執筆三昧

一つ目の「昼寝三昧」。ご飯を食べた後に必ず眠くなるので、そこは無理せず、毎日一〜二時間、睡眠を取るようにしています。

二つ目は「妄想三昧」です。私は毎日夜九時には寝るようにしていますが、三時間ぐらい熟睡すると、夜中の一二時過ぎに目が覚めるんですね。

目が覚めると言っても、夢うつつの時間が一〜二時間続きます。ぱっと覚醒するわけじゃない。夢の続きを見ているような現実か幻かわからない時間が続いて、完全に覚醒するまでに一〜二時間かかります。

その夢うつつの真夜中にいろいろな妄想が群がり出てくるわけです。それが実に面白い。この妄想は幻想でもないし、想像でもないし、理想でもありません。

非常にドラマティックな映像、面白い物語が出てきます。ちょっと人様に言えないような内容もあるので、暴走と言ったほうがいいかもしれない。そんな妄想の時間が毎夜一〜二時間あります。

それが終わると頭が覚醒します。そうしたら起き上がって、いわば雑文を書き始めます。毎日二～三時間、俳句や短歌、絵手紙、あるいは頼まれた原稿を書く。講演などの中身を考えたりもします。

これが私の至福の時間で、三つ目の原則、「執筆三昧」です。

執筆三昧が終わると六時か七時になっています。それから朝食を取ります。ご飯を食べると眠くなるのでもう一度寝ます。一一時ぐらいに目が覚めます。それで昼食。ご飯を食べるとまた眠くなって昼寝をする。昼寝の時間を足すと、毎日六時間くらいは寝ています。

昼寝後は散歩をしたり買い物に出かけたりします。そして夕食、九時に床に就く。その間にテレビを見たり新聞を読んだり、もちろん、執筆したりもする。毎日この繰り返しです。

要するに私の二四時間は昼寝三昧、妄想三昧、執筆三昧という三つの原則、三つのリズムでうまく回るようになっているわけです。

ちなみに散歩は毎日二〇～三〇分、一日おきに晩酌をして一合の酒を飲んでいます。テレビはニュースを中心にドキュメンタリーや映画を見ています。

祈りの中から、短歌や俳句は生まれてきた

短歌や俳句、あるいは雑文を記すことは、老人が死へのプロセスを生きる中で行うにふさわしい行為であるとも言えるのではないでしょうか。なぜなら、それが「祈り」に通じているからです。

日本列島は有史以来、東日本大震災などを例に挙げるまでもなく、突然の大災害に何度も見舞われてきました。大事な人を喪《うしな》った時、人間は深い悲しみ、寂し

さ、全き孤独、寂寥《せきりょう》の世界に入ります。

ただし、そんな「呪うべき寂寥」、寂しさの中でも自分が自分であろうとするわけです。そのために「叫び」が出てくるんですね。それは一種の呪文のようなものです。「おう」や「おうおう」であり、般若心経《はんにゃしんぎょう》の「ぎゃーてい、ぎゃーてい、はらぎゃーてい」であり、あるいは念仏の「南無阿弥陀仏」、題目の「南無妙法蓮華経」であり――。

叫び、呪文の中からリズムを取って五・七調の言葉が生まれ、歌が生まれます。その歌とは挽歌《ばんか》や相聞歌《そうもんか》です。つまり、全き寂寥の歴史の中から言葉、歌が生まれ、祈りという行為が生まれてきたわけです。

日本の場合、大事な人の死に対する思いの中から、そして、自分も死に向かって生きているんだという自覚の中から、歌も「祈り」という行為も生まれてきた。そんなふうに私は考えています。

ちなみにキリスト教の新約聖書「ヨハネによる福音書」の冒頭に「はじめに言葉ありき」という有名な一節があります。この「言葉」は「人に対する思い」のことである、という解釈もあるんですね。

超高齢者に起こる二つの変化

私は九〇歳を超えた時、自分の老いについて、二つのことが非常に強く意識されるようになりました。

一つはものの感じ方が非常に変わりやすくなったことです。朝考えていることと夕方考えていることが違っている。人に会った時の心の変化も違っている。非常に激しく荒々しくなったことを強く感ずるようになりました。

たとえば朝、雨が降っているととても憂鬱です。「あまり長く生きているのもどうかな……」といった思いが自然に込み上げてきます。しかし、だんだん日がさんさんと照ってくると、大変な喜びが体中にあふれてきます。それで「もう少し生きていよう」という気持ちになるわけです。

あるいは人に会うと、話がすっと通じる時には「ああ、会ってよかったな」と思う。しかし、少しでも通じないと「ああ、会わないほうがよかったな」となります。電話がかかってきた時もそうだし、家族との関係性でもそうです。ちょっとしたやり取りで気持ちが落ち込んだり、ぐーっと高揚したりと、落差が大きい。

つまり、九〇代になって喜怒哀楽の差が非常に激しくなったんですね。

それともう一つ、自分の考え方が非常に過激になっていることに気がつきました。たとえば安楽死の問題や政治の問題、あるいはご近所づき合いの問題についても、どうも過激になっています。特に最近の自分の書いたものを読み返すと、そう思わざるを得ない。

こういう変化があると、自分も周りの人も認知症を疑いがちです。あるいは、本当に多少の認知症が加わっているかもしれません。

私には、この喜怒哀楽の抑制が利かなくなっている自分の状態が、単なる老化による気分の変わりやすさなのか、認知症の症状なのかわかりません。

ただ夢かうつつか、その境目がぼやけて生きているという感覚が確かにありま す。それは要するに思いのまま、感情のまま生きているということなんですね。だから気持ちが変わりやすいし、過激にもなる。当然、周りの人も「怒りっぽくなったな」などとその変化を感じるわけです。

この二つの変化が年を取る、老いるということかと九〇代になってよくわかりました。さらに言うと、このように自分自身の状態が見えるようになることが成熟なんだと思うようになりました。超高齢者はみんな同じようなことを経験しているのではないでしょうか。

超高齢者・釈迦に表れた迷い

ものの感じ方が非常に変わりやすくなる、考え方が非常に過激になる。この二つのことはおそらく八〇歳の釈迦の身にも生じていたに違いありません。特に九〇代の自分の体験を通じて、そう確信するようになりました。

三五歳で成道した時、悟りを開いた時に考えたことはいわば形式化され、論理的な言葉として表現されています。しかし、最晩年の釈迦の身には違う言動が現れていたのです。

象徴的なのは釈迦の最期の時でしょう。先に述べたように、釈迦は命が尽きる直前、瞑想を段階的に深めていきます。初禅、第二禅、第三禅、第四禅と瞑想のステージが深まり切ったところでこの世を去る。かねて釈迦はこれを「入滅の作法」としていました。

ところが釈迦は、せっかく深めた瞑想を第四禅からまた初禅へと逆戻りします。そして再び瞑想を深めて入滅するのです。

まるで生と死を往復するかのような釈迦の不思議な最期には、超高齢者ならではの気持ちの変わりやすさが見て取れます。

また釈迦は、弟子のアーナンダに、お前たちは自分の葬儀にかかわるなと言う一方で、帝王のような弔い方をするようにとも言っています。

釈迦の言葉は弟子による伝承ですから、この矛盾には弟子たちの思いがこめられているとも言えます。ただ、老いた釈迦の言動である以上、そういう変化と過激な言い方があっても全くおかしくありません。そして、それを聞いたアーナンダは今日の超高齢者の周りの人と同じように戸惑ったことでしょう。

釈迦は食中毒になる前から深刻な肉体的衰えを自覚していました。それでアーナンダに何度も自分の死期が近いことをほのめかします。しかし、アーナンダは釈迦の真意に気がつきません。程なくして釈迦は「三カ月後に入滅する」と悪魔と約束したことをアーナンダに告げました。

アーナンダは動揺し、「死なないでください」と懇願します。それに対して釈迦は「なぜあの時、そう願わなかったのか。あの時なら叶っただろうが、もう遅い」というふうに諭します。

この逸話は一般的には「縁起（因縁）」について教えるものとされています。

私の解釈は少し違って、老いた釈迦自身がこのまま人生を終わろうか、もう少し生きて伝道の仕事を続けようかと最後まで思い煩っていた心情を表しているというものです。

　そういう迷いの時にはどこからともなく天からの声、地獄からの声、悪魔の声が聞こえてくるんですね。これはいわば幻聴、幻覚で、私の妄想三昧のような極めて人間的な老いの状態です。超高齢者は夢幻に体も心も左右されるようになります。これは認知症に限った話ではなく、致し方のないことでしょう。

　釈迦はいったん三カ月後にこの世を去ったほうがいいと判断したけれども、最後の三カ月間は、そういう自身の変化を自覚しながらそれでもなお生きていこうと思っていたのではないでしょうか。しかし食中毒となり、結局その運命を受け入れたわけです。

　先ほど述べた釈迦の最期の不思議な瞑想にしても、運命を受け入れてもなおその瞬間まで揺れ動いていた釈迦の姿が見て取れます。

こうした状況が素直に書かれているのが『大パリニッバーナ経』の最後の場面なんですね。要するに、私は九〇代になって、ようやく老いた釈迦の心境、ひいては釈迦の人生全体が少しずつ理解できるようになったわけです。

老年的超越と妄想三昧

八五歳を超えると感謝の気持ちや幸福感が高まるという「老年的超越」と呼ばれる現象があります。その特徴は、思考が時間や空間を超えて過去や未来を行き来するようになる、自己中心性が低下し、あるがままを受け入れるようになる、自分をよく見せようとしなくなって、本質がわかるようになるといったものです。

老年的超越はスポーツの世界でよく言われる「ゾーン」、極限の集中状態にも似ています。私の言い方だと、それは夢幻の心境です。

たとえば私の妄想三昧は、老年的超越の時間でありゾーンの時間でもあるわけです。ただし、それは天使の声とともに悪魔の声が聞こえてくる時間でもあります。だからこそドラマティックなんですね。

私の場合、妄想は目が覚める深夜だけでなく、昼寝の時にも出てきます。年を取ると、夜、長く眠れなくなるからどうしても日中に眠くなる。それで昼寝が習慣化するのですが、私の昼寝三昧はこの二、三年の新しい習慣です。

それにともなって妄想の時間も増えました。だから私は、昼寝を「妄想を作る時間」とも呼んでいます。

深夜と同じように、昼寝をして目が覚めてもすぐに頭が冴《さ》えるわけではありません。徐々に頭の靄《もや》が晴れていく。靄の中で、いわゆる空想や想像とたわむれているうちに妄想が出てきます。

つまり、妄想は想像とも空想とも違うわけです。それは突然、ぱっと断片的に浮かびます。だからドラマティックで、まだ夢を見ているのかなとも思う。夢とうつつの境界線がはっきりしないのは意識の混濁状態と言えるかもしれません。ただ私の実感としては、意識が夢の世界に引きずられているという状態なんですね。

妄想の時間は深夜のほうが長く続きます。昼寝後のほうが短いのは深夜よりも心が落ち着いているせいだと思います。

妄想で得た着想に基づいて、ものを考えたり書いたりすることもしばしばあります。私が自分の考え方が非常に過激になったと自覚するようになったのは、この二、三年のことですから、昼寝が習慣になった時期とちょうど重なります。

私にとって最も重要なのは、ものを考え書くことです。それは若い頃から全く変わりません。つまり、執筆三昧の時間を確保するために昼寝三昧、妄想三昧の時間があると言えるわけです。このリズムのおかげで九二歳の今も執筆三昧、ものを考え書く一日がきちんと繰り返し続けられているんですね。

思えば先に紹介した私の七〇代からの人生の三原則、「食べ過ぎない」「飲み過ぎない」「人に会い過ぎない」も健康法、精神的リラックス法であると同時に、自分の本当に考え書きたいことだけを考え書くため、自分に課したルールでした。

「アーナンダの裏切り」ではなく、俗人釈迦の姿をそこに見出す

妄想三昧のような老化現象を九〇代で経験することによって、釈迦の最晩年の場面が非常に胸に迫ってくるようになりました。

たとえば、「アーナンダの裏切り」という問題です。先に述べた通り、釈迦が何度も自分の死期が近いことをほのめかしたにもかかわらず、アーナンダはことごとく聞こうとしなかった。あるいは、遺骨の供養にかかわるなと言ったのに、釈迦の死後、弟子たちはその遺骨を分け合い、布教活動に使った。これを私は、昔から「裏切り」と呼んでいました。

しかし九〇代になって、こういう単純な言い方はよくなかったと反省しています。

釈迦は自分の老い、死に向かっていく姿を弟子たちにまだ見せ続けていたかったのでしょう。けれどもアーナンダは釈迦を理想化しているので、釈迦が普通の人と同じように老いるとか死ぬとか全く想定していない。つまり、釈迦の問いかけが聞こえなかったのは裏切りではなくて、ずっと生きてほしいという望みの強さゆえだったと考えられます。

当然、釈迦もアーナンダの心情をわかっていたと思います。だからこそ食中毒をきっかけに、賢者も俗人と同じように老い、病み、死ぬということを、きちんと見せておこうと決めたのではないでしょうか。

また、遺骨の供養を弟子たちが望んでいることを釈迦は知っていたはずです。もちろん、世俗の有力者が釈迦の遺骨を欲しがっていることも耳に入っていたでしょう。

つまり、賢者の釈迦はそれを必要としなかったけれども、俗人の釈迦はそれが必要だと理解していたと思います。だから弟子たちが釈迦の死後に取った行動は、単なる裏切りではなくて、自分の中、あるいは外にある俗人の声をどう受け止めるかという問題と考えられるわけです。

そう考えると、八〇歳まで生きた釈迦自身も、最晩年に賢者と俗人の間をさまようような時間を持っていたと思えるようになりました。

もしかすると最後の最後、ブッダは俗人に立ち返っていたのかもしれません。先に紹介したように、釈迦の入滅の瞑想は初禅と第四禅を行ったり来たりしました。人間である以上、できるだけこの世にとどまりたいという望みがある。それをあらわにしたのではないでしょうか。

こうした考え方は、九〇代の自分の心境や日常と釈迦の最晩年を重ね合わせることで出てきた新しい発見なんですね。

ちなみにイエスは自ら磔《はりつけ》の刑に処されて死にました。その時、彼は「主よ、主よ。何ぞ我を見捨てたまうや（エロイ、エロイ、レマ、サバクタニ）」と絶叫しました。

イエスが自ら磔になった行動と毒キノコを食べて自分の死を早めた釈迦の行動

は、どこかで通じているし、イエスの最後の絶叫と釈迦の入滅の瞑想の在り方も、どこかで通じていると思います。

死後の世界について、釈迦は何も語っていない

死後の世界の話もしておきましょう。釈迦は「涅槃に入る」とは言いましたが、死後の世界については特に言っていません。それに対して西洋では、死んだイエスが天国に昇ったように、死後の世界は「垂直構造」で具体的に語られています。

日本の場合はどうか。最も構造的に参考になるのは、平安時代初期に書かれた『日本霊異記《りょういき》』(日本国現報善悪霊異記)』です。これは日本古来の宗教的世界観を

示すものであり、既に仏教の影響が見て取れます。

『日本霊異記』の物語には極楽、地獄という言葉が出てきますが、二つは同一平面に位置しています。つまり、日本の「あの世・この世」は西洋のような垂直構造ではなく、「水平構造」になっているわけです。

象徴的なのは三途の川の渡りでしょう。死んだ人間は川を渡って閻魔《えんま》大王の裁きを受けて極楽か地獄に行くという信仰です。日本の場合、あの世はこの世といわば地続きなんですね。こうした水平構造は古来、北海道から沖縄まで変わりません。

たとえば京都では、今もお葬式の時に参加者に向かって斎主が「亡くなった主人の魂が比叡山に鎮まっております。どうぞ、お盆の時には、あのお山を見て拝んでください」と挨拶したりします。この世は京都の町中、あの世はそれを取り巻く三山（東山・北山・西山）と地続き、水平構造になっています。

ただし、あの世は空の彼方ではなく、山の上にあるというのは仏教伝来以前から続く日本の宗教的世界観です。古代万葉人は遺体を山麓などで風葬にしました。風葬の殯《もがり》（古代の葬送儀礼）の期間が終わると、遺体から魂が抜け出て山を登って神になる。あるいは海の彼方に行って神になる。そういう信仰があったわけです。

閻魔信仰と輪廻転生の背景

ところで閻魔信仰はどこから来たのでしょうか。

インドには仏教以前から「輪廻《りんね》」という宗教的世界観があります。肉体は生から死に至るが、魂は別の肉体に転生し、永久に生から死を繰り返すという信仰です。これは当然ながら釈迦にも影響しています。釈迦はこの輪廻から抜け出そうと修行したとも言えます。だから仏教では、悟りを開いた者を「解脱者」と呼んだりするわけです。

インド古来の輪廻転生《てんしょう》観は、日本の仏教においては「六道輪廻《ろくどう》」（天道、人間道、修羅道、畜生道、餓鬼道、地獄道）として意識されるようになりました。これは中国の影響、特に道教の影響が非常に大きいんですね。

たとえば、『日本霊異記』に閻魔大王が死んだ人間を裁き、その魂はあの世・この世をさまよい歩くという物語が出てきます。あるいは「十王思想」（地獄には閻魔大王を含む裁判官が十尊いるという信仰）から生まれた地蔵信仰も中国の道教の影響です。

つまり、インドの仏教が中国を経て日本に伝わる過程で、道教の要素が入り込み、日本の仏教の輪廻転生観、ひいては閻魔信仰が出来上がってきたわけです。

食のコントロールによる断食往生

先に紹介したように、西行は自分の望み通り、桜の季節、満月の夜にすーっと死んでいきました。あの見事な最期は偶然だったのでしょうか。そうは思えません。だから私は昔から、西行の死は単なる自然死ではなく、きちんと計算された「断食往生死」であるという説を唱えています。

西行は「食のコントロール」をしていたはずです。この日に死ぬというだけなら、いろいろな自殺方法があるでしょう。しかし、死に至るプロセスをできるだけ自然なものにしようとするなら断食以外ありません。そして、そのための準備として自分の体力、気力がどのように衰えていくかということを慎重に計算しながら、徐々に食べ物を減らしていくという食のコントロールがあったのではないでしょうか。

断食は単純に自殺とは言えないと思います。インド、中国、日本の仏教の中には断食という伝統があります。そこには五《ご》穀《こく》断《だ》ち、十穀断ち、塩断ち、水断ちというプロセス、食のコントロールの作法もあります。

つまり、西行は自分の体の状態、衰え方を慎重に見極めながら五穀断ちから始め、十穀断ち、塩断ち、水断ちと進み、徐々に息を引き取りたい日時に近づいていって、断食往生死に成功したわけです。

先に、私は八八歳で肺炎が重症化した時、主治医に緩和医療をお願いしたという話をしました。あれはまさに断食往生死をしたいという相談だったのです。

断食往生死は西行に限らず、私の尊敬する先覚者たち、親鸞も芭蕉も良寛も実践した方法だろうと推測しています。私も同じ方法で逝きたい。その望みは今も持ち続けています。胃腸系の病気を繰り返してきたので、食のコントロールのノウハウも自分なりに持っているつもりです。

釈迦は食中毒がきっかけで亡くなりました。しかし、結局は老衰でしょう。自然に衰弱して何も食べられなくなって枯れ木のように命が尽きた。そう考えると、断食往生死は釈迦の最期ともつながっているわけです。

老いと病の中に、既に死が含まれている

私が言う断食往生死は近代西洋医学的な心臓死、心肺停止を死亡とする、あるいは不可逆的にそれに至る脳死を死亡とするような死の捉え方とはかなり異なっています。

老いと病の中には既に死が含まれている。これが九〇代の私の実感です。それもあって、今日の日本のような超高齢社会においては近代西洋医学的な死の捉え方だと限界がある、人間の死に方を再定義しなければいけないと考えるようになりました。

近代西洋医学的な心臓死、脳死は「点」の発想と言えます。それに対して仏教には生・老・病・死という四つの言葉、四苦の事象をいわば等価値に重視してきた伝統があります。

人間、生きていれば老いるし病にもかかる。そして死にます。つまり死は「点」ではなく、「プロセス」なんですね。老い、病は死に向かうプロセスです。

あるいは、死は老いと病の時間の中で既に体験しつつあるものと言えます。

こういうことは誰もが自覚しているはずです。しかし、それをどう受け入れるかということは、あまり深く考えていないのではないでしょうか。

どうしたら老いと病から死へというプロセスを自然なかたちで受け入れられるか。あるいは、老いと病を「あきらめ」として受け取れるか。悲しみや寂しさを受け止め、悲しいなりに寂しいなりに老いと病の道を歩いていけるか。

九〇代になって、この先そう長くないことを自覚している私にとっても切実な問題です。

がんの時代にも有効な食のコントロール

もちろん、この問題は高齢者に限ったことではありません。たとえば、今日は二人に一人ががんにかかり、四人に一人ががんで死ぬ時代です。特に末期のがんの場合は、余命を宣告されたりもします。そういう自分の死期が明らかになった後、つまり最後の最後の期間をどう過ごすのかという問題は誰にでも起こり得るわけです。

たとえ残りわずかの人生であっても、可能な限りＱＯＬ（生活の質）を維持して穏やかな死を迎えたいというのが万人の願いでしょう。それを叶えるのが断食往生死であるというのが私の考えですが、先ほど述べたように実現するのはそう簡単ではありません。

しかし断食往生死は無理でも、QOLの維持と穏やかな死のために「食のコントロール」は非常に有効だと思います。

要するに「食べ過ぎない」「飲み過ぎない」。そういう食のコントロールを通じて自分の身体の状態を自分の中でちゃんと把握しておく。これが普段から重要なように、最後の最後まで快適な生活を送るためにはやはり重要なんですね。

そういう死の迎え方、つまり最後の最後の生き方ができたら、たとえがんで人生を終えたとしても「自然死」と言えるのではないでしょうか。

死を迎える準備を七〇代から始める

私は今のところ、老いのプロセスを先に紹介したように一定のリズムで受け止められています。それで最期の日を迎えようとしている。非常に恵まれた状態だと思います。

ヘルパーさんに私は週一回、同い年の女房は週三回、来ていただいているし、宅配のサービスも使っていますが、二人とも食事も排泄も自分でできているし、日用品を買いに出かけることもできています。それぞれ好きなことをする自由時間も健康もあります。

けれども明日、認知症を発症するかもしれないし、転んで骨折して、身動きができなくなるかもしれません。

自分の排泄が自分で処理できなくなる。自分で食事することができなくなる、あるいは食べ物を噛《か》み砕き、飲み下すことができなくなる。摂食、排泄が自由にならなくなった時の心身の苦しみ、悩みが最後の最後に出てくるわけです。

自分がままならない状態になった時、介護をどうするのか。施設に入るか、入らないか。自分に判断できるのか、介護サービスの中で考えていただくのか。家族はそれを受け入れてくれるのか、受け止めることができるのか。最期まで面倒を見てくれるのか。こうした極めて現実的な問題もあります。

そういう中で今日の人間は旅立ちます。しかし、それがいつ来るかわからない。これは老いのプロセスならではの不安、心配です。

自分がままならない状態になった時にどうなるか、どうするか。よい選択肢は示されていないとも思います。たとえば、施設に入れば大丈夫かというとそうでもない。何年も寝たきりで、家族との面会もままならないという状況が散見されます。

要するに、どこまでいわゆる自然な老衰状態を保つことができるか。誰にもわからないし、選択肢もないから不安である。その不安をどうしたら解消できるか。ほとんどの高齢者がこの問題に直面しているんですね。

いずれ人間は死にます。それは人間に与えられた鉄則です。その時をどう迎えるか。それは私たち普通の高齢者と同じように、八〇歳の釈迦にとっても重大問題の一つだったはずです。

先ほど述べたように、改めて釈迦の最晩年を振り返ってみて、私は断食往生死を自然な老衰状態で死を迎えるための重要な選択肢だと確信しました。

また日本には、西行のような死に向かって食のコントロールに入るという作法が伝統的にありました。一方で、「死を悟る」という言葉がありますが、自分の寿命が尽きたと自覚した時にそれを始めようとしても、時既に遅しで、自然な老衰状態で死を迎えることにはならないんですね。

私が食のコントロールを意識的に人生の中に取り入れたのは七〇代からです。それは断食往生死が目的で始めたことではなかったけれども、結果的に九〇代の今、不思議なことに、その準備だけは心身ともに整いつつあるかのような気分になっております。

本文構成／高橋和彦
地図作成／加賀美康彦

山折哲雄　やまおり・てつお
1931年生まれ。東北大学文学部卒業、同大学院文学研究科博士課程単位取得退学。宗教学者。国立歴史民俗博物館教授、京都造形芸術大学大学院長、国際日本文化研究センター所長などを歴任。2002年『愛欲の精神史』で和辻哲郎賞、10年南方熊楠賞受賞。20年京都市文化功労者。主な著書に『仏教とは何か』『こころの作法』『法然と親鸞』『能を考える』『勿体なや祖師は紙衣の九十年　大谷句仏』『老いと孤独の作法』など多数。

朝日新書
936

ブッダに学《まな》ぶ 老《お》いと死《し》

2023年12月30日第1刷発行

著　者　山折哲雄

発行者　宇都宮健太朗
カバーデザイン　アンスガー・フォルマー　田嶋佳子
印刷所　TOPPAN株式会社
発行所　朝日新聞出版
〒104-8011　東京都中央区築地5-3-2
電話　03-5541-8832（編集）
　　　03-5540-7793（販売）

Published in Japan by Asahi Shimbun Publications Inc.
ISBN 978-4-02-295245-5
定価はカバーに表示してあります。

落丁・乱丁の場合は弊社業務部(電話03-5540-7800)へご連絡ください。
送料弊社負担にてお取り替えいたします。

動乱の日本戦国史
桶狭間の戦いから関ヶ原の戦いまで

呉座勇一

教科書や小説に描かれる戦国時代の合戦は疑ってかかるべし。信長の鉄砲三段撃ち（長篠の戦い）、家康の問鉄砲（関ヶ原の戦い）などは後世の捏造だ！　戦国時代を象徴する六つの戦いについて、最新の研究結果を紹介し、その実態に迫る！

プア・ジャパン
気がつけば「貧困大国」

野口悠紀雄

かつて「ジャパン・アズ・ナンバーワン」とまで称されたわが国は大きく凋落し、購買力は1960年代のレベルまで下落した。経済大国から貧困大国に変貌しつつある日本経済の現状と復活策を、60年間世界をみつめた経済学の泰斗が明らかにする。

鵺《ぬえ》の政権
ドキュメント岸田官邸620日

朝日新聞政治部

朝日新聞大反響連載、待望の書籍化！　岸田政権の最大の危うさは「状況追従主義」にある。ビジョンと熟慮に欠け求心力がない。稚拙な政策のツケはやがて国民に及ぶ。つかみどころのない〝鵺〟のような虚像の正体に迫る渾身のルポ。

よもだ俳人子規の艶

夏井いつき
奥田瑛二

34年の短い生涯で約2万5千もの俳句を残した正岡子規。中には遊里や遊女を詠んだ句も意外に多く、ユーモアや反骨精神、ダンディズムなどが味わえる。そんな子規俳句を縦横無尽に読み込む、松山・東京・道後にわたる全三夜の子規トーク！

人類滅亡2つのシナリオ
AIと遺伝子操作が悪用された未来

小川和也

急速に進化する、AIとゲノム編集技術。画期的な技術ゆえ、制度設計の不備に〝悪意〟が付け込めば、人類の未来は大きく暗転する。「デザイナーベビーの量産」、「〝超知能〟による支配」……。想定しうる最悪な未来と回避策を示す。

訂正する力

東　浩紀

日本にいま必要なのは「訂正する力」です。保守とリベラルの対話にも、成熟した国のありかたや老いを肯定するためにも、さらにはビジネスにおける組織論、日本の思想や歴史理解にも役立つ、隠れた力を解き明かします。デビュー30周年の決定版。

日本三大幕府を解剖する
鎌倉・室町・江戸幕府の特色と内幕

河合　敦

三大武家政権の誕生から崩壊までを徹底解説！　源頼朝・足利尊氏・徳川家康は、いかにして天皇権力と対峙し、幕府体制を確立させたのか？　歴史時代小説読者&大河ドラマファン、必読！　1冊で三大幕府がマスターできる、画期的な歴史新書!!

安倍晋三vs.日刊ゲンダイ
「強権政治」との10年戦争

小塚かおる

創刊以来「権力に媚びない」姿勢を貫いているというこの夕刊紙は、「安保法制」「モリ・カケ・桜」など第2次安倍政権の「大罪」に、どう立ち向かったか。同紙の第一編集局長が戦いの軌跡を公開し、徹底検証する。これが「歴史法廷」の最終報告書！

食料危機の未来年表
そして日本人が飢える日

高橋五郎

日本は食料自給率18%の「隠れ飢餓国」だった！　有事における穀物支配国の動向やサプライチェーンの分断、先進国の食料争奪戦など、日本の食料安全保障は深刻な危機に直面している。世界182か国の食料自給率を同一基準で算出し世界初公開。

脳を活かすスマホ術
スタンフォード哲学博士が教える知的活用法

星　友啓

スマホをどのように使えば脳に良いのか。〈インプット〉〈エンゲージメント〉〈ウェルビーイング〉〈モチベーション〉というスマホの4大長所を、ポジティブに活用するメソッドを紹介。アメリカの最新研究に基づく「脳のゴールデンタイム」をつくるスマホ術！

発達「障害」でなくなる日

朝日新聞取材班

こだわりが強い、コミュニケーションが苦手といった発達障害の特性は本当に「障害」なのか。学校や会社、人間関係などに困難を感じる人々の事例を通し、当事者の生きづらさが消える新しい捉え方、接し方を探る。「朝日新聞」大反響連載を書籍化。

藤原氏の1300年
超名門一族で読み解く日本史

京谷一樹

摂関政治によって栄華を極めた藤原氏は、一族の「ブランド」を最大限に生かし続け、武士の世も、激動の近現代も生き抜いた。大化の改新の中臣鎌足から昭和の内閣総理大臣・近衛文麿までの90人を取り上げ、名門一族の華麗なる物語をひもとく。

台湾有事　日本の選択

田岡俊次

台湾有事——本当の危機が迫っている。米中対立のリアル、思考停止する日本政府の実態、日本がこうむる人的・経済的損害の実相。選択を間違えたら日本は壊滅する。安保政策が歴史的大転換を遂げた今、老練の軍事ジャーナリストによる渾身の警告！

どろどろの聖人伝

清涼院流水

サンタクロースってどんな人だったの？　12使徒の生涯とは？　キリスト教の聖人は、意外にも2000人以上存在します。そのなかから、有名な聖人を取り上げ、その物語をご紹介。聖人伝を通して、日本とは異なる文化を楽しんでいただけることでしょう。

一億三千万人のための『歎異抄』

高橋源一郎

戦乱と飢饉の中世、弟子の唯円が聞き取った親鸞の『歎異抄』。救い、悪、他力の教えに、西田幾多郎、司馬遼太郎、梅原猛、吉本隆明は魅了され、著者も10年近く読みこんだ。『歎異抄』は親鸞の『君たちはどう生きるか』なのだ。今の言葉で伝えるみごとな翻訳。